지식인의
자격

지식인의
자격

지식인의 책임과
그 후편

노암 촘스키 지음 | 강성원 · 윤종은 옮김

Noam
Chomsky

It is the
Responsibility of Intellectuals
to speak the truth
and to expose lies

황소걸음
Slow & Steady

일러두기

1. 단행본과 잡지는 《 》로, 논문과 신문은 〈 〉로 표기했습니다.
2. 국내에 번역·출간된 단행본이나 논문은 번역 제목에 원제를 병기하고, 출간되지 않은 단행본이나 논문은 원제에 번역 제목을 병기했습니다.
3. 지은이 주는 미주¹로, 옮긴이 주는 각주*로 넣었습니다.
4. 독자의 이해를 돕기 위해 책 뒷부분에 베트남전쟁 연표와 통일 전 베트남 지도를 넣었습니다.

차례

서문

Preface

'지식인'의 개념은 궁금증을 자극한다. 지식인이라 불릴 자격이 있는 사람은 과연 누구일까?

비평가 드와이트 맥도널드Dwight Macdonald*가 1945년에 쓴 〈The Responsibility of Intellectuals지식인의 책임〉**은 이 물음에 관해 많은 것을 말해주는 글이다. 이 에세이는 전쟁의 참혹한 폐허에서 근근이 연명하던 독일 난민의 '집단적 죄의식'을 들먹이던 유명 사상가들의 오만한 태도를 신랄하면서도 냉소적으로 비판한다. 맥도널드는 독선적인 사상가들이 비참한 생존자들에게 보낸 경멸과 생존자들을 인간

---

* 미국의 작가, 기자, 문화 비평가(1906~1982년). 《파르티잔리뷰 Partisan Review》편집자로 일했고(1937~1943년), 1944년 《폴리틱스The Journal of Politics》를 창간해 1949년까지 편집인을 역임했다.

** 《폴리틱스》1945년 4월호에 게재한 짧은 에세이.

으로 보고 그들의 비참한 처지를 동정한 승전국 병사들의 반응을 대비한다. 전자는 지식인이고 후자는 아니다.

맥도널드는 명료한 말로 에세이를 끝맺는다. "바로 코앞에서 벌어지는 일을 똑바로 볼 수 있는 능력은 위대하다."

지식인의 책임은 어떤가? 지식인이라 불릴 자격이 있는 사람들은 어느 정도 지위에 따른 특권을 누리며, 이 특권은 특별한 기회를 제공한다. 기회는 책임을 부여하고, 책임은 선택을 요구하며, 선택은 때로 어렵다.

지식인이 할 수 있는 선택 하나는 결과가 어떻든 정직이라는 길을 따르는 것이다. 다른 선택지는 그런 걱정은 제쳐두고 권력 구조에 따라 제도화된 관습을 순순히 받아들이는 것이다. 후자를 택한 지식인은 충직하고 믿음직한 하인이 돼서 권력층이 내리는 지시를 충실히 이행하면 된다. 여기에 필요한 것은 사려 깊은 판단이 아니라 반사적인 순응이다. 이는 도덕적으로나 지적으로 어려운 도전을 피하는 편리한 방법이고, 도덕의 세계가 그리는 궤적을 정의 쪽으로 구부리려* 애쓸 때 따르는 고통스러운 대가를 피하는 길이기도 하다.

이 두 가지 선택지는 낯설지 않다. 우리는 소련의 정치 위원이나 당 기관원을 반체제 인사와 구별한다. 후자는 전자와 달리 도전을 마다하지 않으며, 그에 따른 대가를 기꺼이 감수한다. 이에 따라 많은 반체제 인사가 명성을 얻고 합당한 영예를 누리며, 우리는 그들이 당한 가혹한 대우를 거세게 비난하고 분노를 터뜨린다. 바츨라프 하벨Václav Havel,**아이웨이웨이艾未未,***

---

* 마틴 루서 킹Martin Luther King 목사는 한 연설에서 19세기의 노예제 폐지론자 시어도어 파커Theodore Parker의 표현을 인용해 다음과 같이 말했다. "도덕의 세계는 긴 궤적을 그리지만, 결국 정의를 향해 구부러진다."

** 체코의 극작가이자 인권 운동가이며 대통령. 희곡 《Zahradní slavnost뜰의 축제》로 국제적인 작가가 됐고, 다방면에서 반체제운동을 벌여 벨벳 혁명으로 공산 독재 체제를 무너뜨리고 1989년 12월 29일 체코슬로바키아 대통령이 됐다.

*** 중국 출신 건축가이자 예술가, 독립 큐레이터. 자크 헤르조그 Jacques Herzog, 피에르 드 뫼롱Pierre de Meuron과 협업해 2008년 베이징올림픽 주 경기장인 베이징국립경기장을 설계한 예술 컨설턴트이기도 하다. 그의 아버지는 유명한 시인 아이칭艾青이다.

시린 에바디Shirin Ebadi* 같은 유명 인사들이 그 예다. 또 우리는 악한 사회를 옹호하는 지식인을 규탄한다. 이런 지식인은 통치자의 '잘못'을 보고도 기껏해야 미적지근한 비판을 내놓으며, 선한 의도에서 비롯된 잘못이라고 감싸기 일쑤다.

그런가 하면 이름을 알리지 못하고 잊힌 반체제 인사도 있다. 라틴아메리카의 예수회 사제 여섯 명이 그 예다. 이들은 저명한 지식인으로 미국 군대에서 재훈련을 받고 막 복귀한 엘살바도르 군인들에게 참혹히 살해당했다. 미국에 의존하던 엘살바도르 군부가 내린 명령이었다. 하지만 이들의 존재는 잊히다시피 했다. 이들의 이름을 알거나 이 사건을 기억하는 사람은 거의 없다. 미국의 주류 언론은 이들을 살해하도록 한 엘살바도르 정부의 공식 명령에 대해 보도하지 않았다. 그 명령이 기밀이어서가 아니다. 스페인의 주류 언론은 이 사건을 대서특필했다.

이런 현상은 예외가 아니라 규칙이다. 이와 관련

---

* 이란의 여성 법조인이자 인권 운동가. 2003년 노벨 평화상을 수상했다.

지식인이
할 수 있는 선택 하나는
결과가 어떻든
정직이라는 길을
따르는 것이다.

한 사실에는 모호한 구석이 전혀 없다. 중앙아메리카에서 미국이 저지른 끔찍한 범죄에 항의한 운동가와 학자들은 이 문제를 잘 알고 있다. 존 코츠워스John Coatsworth가 쓴 《The Cambridge History of the Cold War케임브리지 냉전사》에 따르면, 1960년부터 "소련이 붕괴한 1990년까지 라틴아메리카에서 정치범으로 수감되거나 고문을 당하거나 비폭력 반체제운동을 벌이다 처형된 사람 수는 소련과 동유럽의 위성국보다 훨씬 많다".

그러나 언론과 학계의 보도에서는 이 같은 현실이 거꾸로 그려지고 있다. 이런 실태를 보여주는 사례는 한둘이 아니다. 일례로 나는 에드워드 허먼Edward S. Herman과 함께 〈뉴욕타임스The New York Times〉에서 두 사건을 보도한 방식을 비교한 적이 있다. 하나는 폴란드에서 일어난 사제 살해 사건이고(살인범들은 곧장 체포돼 처벌받았다), 다른 하나는 엘살바도르에서 오스카 로메로Óscar Arnulfo Romero 대주교와 미국인 여성 교인 네 명을 비롯한 종교인 100명이 살해당한 사건이다. 후자는 오랫동안 범인의 정체가 밝혀지지 않았으며, 미국의 정부 관계자는 범죄 사실을 부인했을 뿐만 아니라 희생자를 공공연히 모욕했다. 〈뉴욕타임스〉는 미국의 속국이나 다름없는 엘살바도르에서 종교인 100명이 살해당한 사건보다 적국敵國인 폴란드에서 한 성직자가 살해된 사건을 대대적으로 보도했다. 두 사건에 대한 보도는 허먼과 내가 《여론 조작: 매스미디어의 정치경제학Manufacturing Consent: The Political Economy of the Mass Media》에서 제시한 언론의 '선전 모델propaganda model'이 예측한 대로 그 방식도 딴판이었다.[1] 이는 언론이 오랜 세월에 걸쳐 한결같이 보인 패턴의 한 사례일 뿐이다.

언론의 이런 행태에는 권력에 빌붙기 위해서가 아니라 다른 이유가 있다고 설명할 수도 있다. 드물기는 하지만, 때로 이 같은 사실에 주목해 언론의 태도를 해명하려는 시도가 나타나기도 한다. 미국의 저명한 언론인이자 진보 성향의 월간지 《애틀랜틱먼슬리Atlantic Monthly》의 니컬러스 레만Nicholas Lemann 기자는 위에서 이야기한 사례에 냉소적인 반응을 보이며 다른 설명을 제시했다. 레만은 두 사건에 대한 언론 보도의 차이를 이렇게 설명했다. "이런 차이는 언론이 보통 한 번에 몇 가지 기삿거리에만 집중하기 때문에 나타났다고 볼 수 있다. (…) 미국 언론은 폴란드에 더 초점을 맞추고 있었다."

레만의 주장은 〈뉴욕타임스〉의 색인을 보면 쉽게 검증할 수 있다. 해당 기간에 〈뉴욕타임스〉가 두 사건을 다룬 횟수는 별 차이가 없으며, 오히려 엘살바도르에 대한 보도가 약간 많다. 그러나 거짓을 '대안적 사실alternative facts'로 주장하는 지적 환경에서 이 같은 세부 사항은 관심을 받기 어렵다.[2]

'반체제 인사'라는 말은 사실상 적국의 인사에게 쓰는 영예로운 호칭이다. 피살된 라틴아메리카 지식인 여섯 명과 로메로 대주교, 그들처럼 미국의 종속국에서 국가의 범죄에 항의하다 살해되거나 고문을 당하거나 옥살이한 많은 사람은 설령 이름이 불려도 '반체제 인사'라고 하지 않는다.

마찬가지로 미국 내 지식인을 두고도 다른 용어를 쓴다. 예를 들어 미국에서는 지식인들이 갖가지 이유로 베트남전쟁에 항의했다. 언론인 조지프 올솝Joseph Alsop과 역사학자 아서 슐레진저Arthur M. Schlesinger Jr.는 엘리트 지식인 사이에 의견이 얼마나 달랐는지 잘 보여준다. 올솝은 미국의 개입이 너무 제한적이라고 주장했다. 이에 슐레진저는 전쟁을 확대하더라도 성공을 장담할 수 없으며, 미국은 그로 인해 막대한 비용을 치를 것이라 응수했다. 그러면서도 슐레진저는 올솝이 말한 대로 미군이 압도적인 승리를 거두기를 "우리 모두가 바란다"고 덧붙였다. 그는 미군이 승리하면 "베트남은 폭격과 네이팜탄으로 쑥대밭이 되고, 고엽제 살포로 불모지가 되어 폐허로 전락"하고 "정치 조직과 제도"가 산산조각이 나겠지만, 승리를 쟁취한 데 "모두가 미국 정부의 지혜와 정치력에 경의를 표할 것"이라고도 주장했다.

올솝과 슐레진저는 '반체제 인사'로 불리지 않는다. 두 사람은 미국이 벌인 전쟁을 정당한 범위에서 비판한 지식인 가운데 양극단에 있던 매파와 비둘기파로 평가받는다.

물론 지식인 중에는 이런 범위에서 벗어난 사람도 있지만, 그들 역시 '반체제 인사'로 불리지 않는다. 존 F. 케네디와 린든 존슨 행정부에서 국가 안보 보좌관을 지낸 맥조지 번디McGeorge Bundy는 기득권을 대변하는 잡지 《포린어페어스Foreign Affairs》에 기고한 글에서, 전쟁의 성공 가능성이나 비용에 관해 전술적인 물음을 제기할 뿐만 아니라 미국의 침략 자체에 반대하는 지식인을 '무대 뒤의 야인野人'이라 불렀다.

번디가 이 글을 쓴 1967년은 강경한 반공 군사사학자이자 베트남 전문가로서 미국 정부와 주류 언론의 존경을 받던 버나드 폴Bernard Fall조차 다음과 같이 우려를 표한 때다. "고유의 문화와 역사를 가진 베트남이 (…) 사라질 위기에 처했다. (…) 베트남 전원 지역은 역사상 전례 없는 규모의 군사작전으로 그야말로 죽음의 땅이 되고 있다." 이런 상황에도 미국이 내세우는 대의의 정당성을 의심한 사람은 '무대 뒤의 야인들'뿐이었다.

1975년에 전쟁이 끝나자, 주류 지식인은 전쟁을 두고 저마다 해석을 내놨다. 그들은 올솝과 슐레진저로 대변되는 양극단 사이에 두루 걸쳐 있었다. 비둘기파의 한쪽 끝에 있던 앤서니 루이스Anthony Lewis는 미국의 개입이 "선한 의도에서 저지른 실책"으로 시작됐으며(실패했기에 '실책'이지만, '선한 의도'라는 것은 증거가 필요 없는 절대적 원칙이다), 1969년에는 전쟁이 "감당하지 못할 비용을 치르지 않고는 해결할 수 없는" 수준에 이르렀기에 미국이 실수를 저질렀다는 사실이 분명해졌다고 말했다.

하지만 당시 여론조사에 따르면, 미국인 70퍼센트는 전쟁을 '실수'가 아니라 '근본적으로 잘못됐고 부도덕한' 일로 여겼다. 2차 세계대전이 끝난 뒤 독일 난민의 비참한 처지를 동정한 군인들처럼 이들은 지식인이 아니다.

이는 전형적인 사례다. 전쟁에 반대하는 여론은 리처드 닉슨Richard Nixon과 헨리 키신저Henry Kissinger가 캄보디아 침공을 지시한 뒤인 1970년에 절정이었다. 바로 이 시기에 정치학자 찰스 카두신Charles Kadushin은 '엘리트 지식인'의 태도에 관한 대규모 연구를 수행했다. 연구 결과, 절대다수 지식인은 베트남전쟁이 지나치게 큰 비용이 들어갔다는 점에서 실수였다고 비판하는 '실용적'인 태도를 보였다. 이에 반해 침략 자체를 비판하는 '무대 뒤의 야인들'은 통계적 오차 범위 수준으로 적었다.[3]

미국이 인도차이나반도에서 저지른 전쟁은 2차 세계대전 이후 최악의 범죄다. 그리고 금세기 최악의 범죄는 미국과 영국이 주도한 이라크 침공이다. 이 전쟁은 이라크 전역에 끔찍한 결과를 가져왔으며, 그 영향은 지금도 끝이 보이지 않는다. 엘리트 지식인들은 이 사건에 늘 하던 방식으로 반응했다. 버락 오바마는 이라크전쟁을 두고 비둘기파의 태도를 보여 진보 지식인들에게 찬사를 받았다. "지난 10여 년간 미군은 이라크인에게 미래를 개척할 기회를 주고자 막대한 희생을 치렀습니다. (…) 하지만 이라크에서 미군이 치러야 할 희생이 아직 끝나지 않았다는 것은 엄연한 사실입니다." 오바마는 이라크전쟁을 미국이 어마어마한 비용을 치르게 한 "심각한 실수"이자 "전략적 실책"으로 봤다.[4] 오바마의 시각은 많은 러시아 장군이 소련이 아프가니스탄에 개입하기로 한 결정을 두고 내린 판단과 비슷하다.

이런 패턴은 일반적이다. 이런 사례는 엘리트 지식인의 사고방식에 이렇다 할 변화를 주지 못했지만, 광범위한 출간물에서 이미 검토했기 때문에 구태여 더 살펴볼 필요는 없을 것이다.

미국에는 반체제 인사도, 정치 위원과 당 기관원도 없다. 무대 뒤의 야인과 책임 있는 지식인이 있을 뿐이다. 미국에서 진정한 전문가로 인정받는 쪽은 후자다. 그중에 가장 중요하고 널리 알려진 헨리 키신저는 전문가의 책임을 자세히 설명했다. 키신저에 따르면, 전문가는 자기 선거구민의 합의를 "높은 수준으로 구체화하고 정의"하여 선거구민이 세운 틀 안에서 주어진 일을 수행함으로써 자격을 갖춘다.

지식인의 분류는 꽤 역사가 깊으며, 현대적인 의미의 '지식인' 개념이 처음 사용된 드레퓌스 사건까지 거슬러 올라간다. 알프레드 드레퓌스Alfred Dreyfus의 지지자들을 이끈 에밀 졸라Émile Zola는 간첩 혐의로 무고당한 드레퓌스를 두고 재심을 요구한 죄로 1년 감옥형을 선고받고 더 큰 처벌을 피하고자 영국으로 망명했다. 이에 아카데미프랑세즈Académie Française[*]의 종신회원들은 졸라를 거세게 비난했다. 이들 드레퓌스파派는 진정한 '무대 뒤의 야인'이었다. 아카데미프랑세즈의 페르디낭 브륀티에르Ferdinand Brunetière는 그들이 "우리 시대에 가장 가소로운 기행"을 저질렀다고 공격했다. 그들이 "프랑스의 장군들을 멍청이로 보고, 사회제도와 전통을 불합리하고 불건전한 것으로 취급하

---

[*] 1635년에 설립된 프랑스의 한림원. '불멸인les Immortels'이라 불리는 종신회원 40명으로 구성된다.

는 작가와 과학자, 교수, 문헌학자를 대단한 사람이라도 된 것처럼 치켜세웠다"는 이유에서다. 그들은 '전문가', 즉 오늘날 자유주의 담론의 용어를 쓰면 '책임이 있는 기술 관료적·정책 지향적 지식인'이 처리해야 할 문제에 주제넘게 끼어든 셈이다.

그렇다면 대체 지식인의 책임이란 무엇인가? 지식인은 늘 선택에 직면한다. 적국의 지식인은 정치 위원이 되기를 선택할 수 있고, 반체제 인사가 되기를 선택할 수 있다. 과기 엘살바도르처럼 미국에 종속된 나라에서 이런 선택은 말할 수 없이 고통스러운 일이 되기도 한다. 미국의 지식인은 책임 있는 전문가가 되기를 선택할 수 있고, 무대 뒤의 야인이 되기를 선택할 수 있다.

그리고 지식인에게는 맥도널드의 훌륭한 조언을 따르는 선택지가 항상 있다. "바로 코앞에서 벌어지는 일을 똑바로 볼 수 있는 능력", 그리고 그것을 있는 그대로 말할 수 있는 단순한 정직성은 위대하다.

주

1 Edward S. Herman, Noam Chomsky, *Manufacturing Consent*, New York: Pantheon, 1988(2002년 개정). 한국어판은 《여론 조작: 매스미디어의 정치경제학》, 정경옥 옮김, 에코리브르, 2006.

2 더 자세한 내용은 다음을 참고하라. Chomsky, *Necessary Illusions*, Boston: South End Press, 1999(2판 Toronto: House of Anansi Press, 2013), Appendix I.

3 Charles Kadushin, *The American Intellectual Elite*, New York: Little, Brown, 1974.

4 Jamie Fuller, "How Obama Talked About Iraq, from 2002 to 2014," *Washington Post*, 2014년 6월 19일. Barack Obama, "My Plan for Iraq," *New York Times*, 2008년 7월 14일.

* 1967년 2월 23일《뉴욕리뷰오브북스The New York Review of Books》에 처음 발표됐다. ⓒ 1967 by Noam Chomsky

지식인의 책임

The Responsibility of Intellectuals[*]

1

드와이트 맥도널드는 20년 전(1945년) 《폴리틱스》에 국민의 책임, 특히 지식인의 책임을 다룬 일련의 글을 발표했다. 나는 2차 세계대전이 끝난 직후 대학생 때 그 글을 접했는데, 몇 달 전에 다시 읽을 기회가 있었다. 맥도널드의 글이 가진 힘과 설득력은 여전했다. 그는 전쟁범죄에 관심을 쏟으며 다음과 같이 질문을 던진다. 독일과 일본 국민은 자국 정부가 저지른 만행에 어느 정도로 책임이 있는가? 그리고 아주 당연히 맥도널드는 이 질문을 독자에게도 던진다. 전쟁 중 민간인을 잔혹하게 폭격한 데 영국과 미국 국민은 어느 정도로 책임이 있는가? 서양의 민주주의 국가들이 완성한 군사기술은 히로시마와 나가사키에서 절정에 이르러 역사상 가장 끔찍한 범죄에 이용됐다. 1945~1946년에 대학생이던 나는 이탈리아가 에티오피아를 침공하면서 벌어진 전쟁과 러시아의 대숙청, 이른바 '중국사변',* 스페인 내전, 나치의 만행을 목격했으며, 서구 국가들이 이런 사건에 어떻게 대응하고 때로는 공모했는지 봤다. 나처럼 1930년대의 참상을 보며 정치적 · 도덕적 의식을 형성한 사람들에게 맥도널드의 질문은 중요한 의미가 있었으며, 가슴을 찌르는 듯한 충격을 줬다.

지식인의 책임에 대해서는 이와 마찬가지로 곤혹스러운 질문을 던질 수 있다. 지식인은 정부의 거짓말을 폭로하고, 정부가 내세우는 명분과 동기, 숨은 의도를 파악해 정부의 행동을 분석할 수 있는 위치에 있다. 적어도 서구에서 지식인은 정치적 자유, 정보의 접근성, 표현의 자유에서 나오는 힘을 가진다. 현재 일어나는 역사적 사건은 이데올로기와 계급 이익 등에 따라 왜곡되고 와전된 채 우리에게 전해진다. 서구의 민주주의는 특권을 가진 소수 지식인이 장막에 가려진 진실을 찾을 수 있는 시간적 여유와 시설, 훈련을 제공한다. 지식인이 누리는 특권을 고려하면, 지식인의 책임은 맥도널드가 '국민의 책임'이라 부른

---

* 일본 정부는 당시 중일전쟁을 사변으로 낮춰 불렀다.

지식인은
정부의 거짓말을 폭로하고,
정부가 내세우는 명분과 동기,
숨은 의도를 파악해
정부의 행동을 분석할 수 있는
위치에 있다.

것보다 훨씬 막중하다.

맥도널드가 제기한 문제는 20년 전에 그랬듯 오늘날에도 타당하다. 우리는 미국이 힘없는 베트남의 농민들에게 퍼부은 야만적인 공격에 미국 국민은 어느 정도로 책임이 있는지 자문해야 한다. 아시아인이 보기에 이는 세계 역사가 여전히 '바스쿠 다가마Vasco da Gama* 시대'에서 벗어나지 못했음을 입증하는 또 다른 참극이다. 이 같은 재앙이 10여 년에 걸쳐 서서히 모습을 드러내는 동안에노 침묵과 무관심으로 일관한 지식인을 보면, 우리는 과연 역사의 어느 페이지에 와 있는가 하는 의문이 든다. 역사의식이 조금이라도 있는 사람이라면 이런 의문을 품지 않을 수 없을 것이다. 그러면 지금부터 지식인의 책임에 관한 몇 가지 견해를 다루고, 1960년대 중반 지식인들이 어떻게 자신이 생각하는 책임을 실천하고자 했는지 살펴본 다음, 이 질문으로 돌아오겠다.

---

* 포르투갈의 탐험가. 1498년 유럽인 최초로 인도로 가는 항로를 발견했다. 유럽인에게는 대항해시대를, 아시아인에게는 침략자가 유입되는 시대를 연 인물이다.

◆ ◆ ◆

　진실을 말하고 거짓을 드러내는 것은 지식인의 책임이다. 이는 구태여 설명이 필요 없는 진부한 말로 들릴지 모른다. 하지만 현실은 그렇지 않다. 현대 지식인에게 이는 전혀 당연한 일이 아니다. 일례로 마르틴 하이데거Martin Heidegger는 1933년에 히틀러 지지 선언을 내며 "진실은 한 나라의 국민이 자신의 행동과 지식을 확신하고 이해하고 강화하게 만드는 사실을 드러내는 것"이며, 우리가 논할 책임이 있는 것은 이런 종류의 '진실'뿐이라고 말했다. 미국인은 이런 생각을 더 노골적으로 밝히곤 한다. 〈뉴욕타임스〉는 1965년 11월, 아서 슐레진저가 최근에 낸 저서에서 피그스 만 침공*에 관해 밝힌 내용과 사건이 일어난 당시 언론에 전한 이야기 사이에 모순이 있다며 설명을 요구했다. 이에 슐레진저는 군말 없이 거짓말

----

* 미국이 피델 카스트로Fidel Castro 정권을 전복하기 위해 쿠바인 망명자 1400명을 훈련하여 1961년 4월 17일 쿠바 피그스 만으로 침공했으나 실패한 사건.

을 했다고 인정했다. 그는 며칠 뒤, 〈뉴욕타임스〉 역시 '국익'을 위해 피그스 만 침공 계획에 관한 정보를 미리 공개하지 않았다며 칭찬했다. 근거 없는 믿음에 빠져 있던 케네디 행정부의 오만한 관료들은 이 같은 기만을 '국익'으로 포장했으며, 슐레진저는 케네디 행정부에서 일한 경험을 다룬 저서에 이들이 대단한 인물인 양 치켜세웠다. 자신이 내세우는 명분이 부당하다는 사실을 아는 사람이 그 명분을 위해 기꺼이 거짓말하는 것은 그다지 놀라운 일이 아니다. 하지만 지식인 사회가 이런 행태를 보고도 별다른 반응을 보이지 않는 것은 심각한 문제다. 예를 들어 슐레진저는 미국의 지원을 받아 이웃 국가를 침략하는 일을 정당화하는 것을 자기 의무로 여기는 역사가지만, 그가 뉴욕시립대학교 인문대학원 교수로 복귀할 때도 여기에 의문을 제기하는 사람은 아무도 없었다. 베트남에서 협상을 벌이는 동안 미국 정부와 정부 측 대변인이 내놓은 허무맹랑한 거짓말은 어떻게 봐야 할까? 관심 있는 사람들은 사실이 어떤지 잘 알고 있으며, 국내외 언론은 정부가 거짓말할 때마다 반박 자료를 제시했다. 그러나 정부 선전 기관의 힘이 워낙 크다 보니 이 문제

를 따로 연구하지 않은 시민이 사실을 들이대며 정부의 발표에 맞서기는 매우 어려운 일이다.[1]

　베트남 침공을 둘러싼 기만과 왜곡은 알 만한 사람은 다 아는 일이라 그다지 충격적이지 않다. 이에 따라 미국 사회는 갈수록 냉소주의에 빠지고 있지만, 베트남 침공 이전에 있었던 비슷한 사건이 오늘날 미국에서 묵인되고 있다는 점을 기억할 필요가 있다. 1954년 과테말라를 침공했을 때 미국 정부가 내놓은 성명과 10여 년 뒤 아이젠하워가 "침략자를 돕기 위해"(〈뉴욕타임스〉, 1965년 10월 14일) 미국의 항공기를 과테말라로 보냈다고 순순히 인정(더 정확히는 자랑)한 일을 비교하면 이 점을 잘 알 수 있다. 이런 이중적 태도가 당연한 일로 받아들여지는 것은 위기 상황에서만이 아니다. 예를 들어 '뉴프런티어New Frontier'라는 슬로건을 내세운 케네디 정부의 관료들은 정부가 진행하는 조치를 '선전으로 포장'할 이유가 없을 때조차 역사적 정확성을 기하는 데 별 관심을 두지 않았다. 그 예로 아서 슐레진저는 1965년 초 미국이 북베트남을 폭격하고 대규모 병력을 투입하기로 한 것은 "더없이 합리적인 이유"에 기반한 결정인데, "베트콩은 자신들이 전쟁에서 이길 수 있다고 생각하는 한, 협상으로 전쟁을 끝내는 데 전혀 관심이 없을 터"이기 때문이라고 말했다(〈뉴욕타임스〉, 1966년 2월 6일).

여기서는 날짜에 주목해야 한다. 슐레진저가 6개월 전에 이렇게 주장했다면 상황을 잘 몰라서 그랬다고 변명할 수 있다. 그러나 슐레진저는 유엔과 북베트남, 소련이 협상을 추진했다는 뉴스가 몇 달 동안 신문 1면을 장식한 뒤에도 이런 주장을 내놨다. 북베트남이 1965년 2월에 전쟁이 확대되기 전부터 협상을 계획했고, 미국이 폭격을 시작한 지 몇 주 뒤에도 협상을 타진했다는 것은 공공연히 알려진 사실이다. 미국 정부의 충격적인 기만행위가 드러나자, 워싱턴의 기자들은 이를 설명할 방법을 찾으려고 애썼다. 일례로 〈보스턴글로브The Boston Globe〉 찰머스 로버츠Chalmers Roberts 기자는 1965년 11월 19일 기사에서 자신도 모르게 앞뒤가 안 맞는 설명을 내놨다.

정부는 (1965년 2월 하순이) 협상에 유리한 시기가 아니라고 판단한 듯하다. 존슨 대통령은 양측 이해관계가 더 일치할 때 북베트남 정부

를 협상 테이블로 불러들이고자 이제 막 북베
트남에 첫 번째 폭격을 지시했기 때문이다.

이런 상황에서 슐레진저가 보인 태도는 기만을 넘
어 멸시에 가깝다. 그는 미국 국민이 정부의 행태가
마음에 들지 않아도 말없이 용인할 것이라 예상함으
로써 미국 국민을 모욕했다.[2]

◆ ◆ ◆

이번에는 미국 정부가 정책을 세우고 시행하는 데
더 긴밀히 관여한 월트 로스토Walt Rostow*의 생각을
살펴보자. 슐레진저는 로스토가 케네디 행정부의 외
교에 "폭넓은 역사적 시각"을 제공했다고 평가했다.[3]
로스토의 분석에 따르면 1946년 인도차이나반도에
서 벌어진 게릴라전은 스탈린이 벌인 일이며,[4] 북베
트남은 1958년 남베트남을 상대로 게릴라전을 시작

---

* 미국의 경제학자로, 케네디 행정부와 존슨 행정부에서 국가 안보
고문을 지냈다.

했다(《View from the Seventh Floor7층에서 바라본 전망》, 39쪽과 152쪽). 마찬가지로 공산주의 세력의 지도자들은 1945년 치밀한 계획을 세워 북부 아제르바이잔과 그리스에서 '자유세계의 방어선'을 시험했고, 스탈린은 이 지역에서 "상당한 규모의 게릴라전을 지원"했다(같은 책, 36쪽과 148쪽). 그러면서도 로스토는 소련이 "동독의 공산주의가 서서히 무너질 위험을 감수하면서까지 중부 유럽의 팽팽한 긴장 상태를 해소하려 들 준비"(같은 책, 156쪽)가 되지 않았다고 봤다.

역사적 사건을 진지하게 다루는 학자들의 연구와 로스토의 주장을 비교하면 흥미로운 점이 보인다. 스탈린이 1946년 처음으로 베트남전쟁을 일으켰다는 말은 반박할 가치조차 없다. 1958년에는 베트남의 상황이 한층 복잡해졌기에 북베트남이 전쟁을 시작했다는 주장은 판단하기가 더 어렵다. 그러나 미국 정부의 정보원들[5]이 인정했듯, 남베트남의 총통 응오딘지엠Ngo Dinh Diem[6]이 또 다른 알제리전쟁*이라 일컬

---

* 1954~1962년 알제리 독립운동 세력이 프랑스에게서 독립하기 위해 벌인 전쟁.

은 남베트남의 상황을 1959년부터 직접 보고받았고, 북베트남은 그 후에야 이 싸움에 개입할 계획을 세웠다. 오히려 북베트남 정부는 현상 유지를 목표로 삼고 여러 차례 남베트남과 외교·통상 관계를 수립하려 했으며, 1958년 12월에도 접촉을 시도했으나 남베트남 정부와 미국이 거부했다.[7] 그런가 하면 로스토는 스탈린이 그리스에서 게릴라를 지원했다는 주장에 아무런 증거를 내놓지 않는다. 이와 관련한 역사적 기록에는 모호한 점이 많지만, 스탈린은 2차 세계대전 이후 확립된 제국주의 질서에 만족했기에 이를 뒤흔드는 그리스 게릴라의 위험천만한 행보를 전혀 달가워하지 않은 듯하다.[8]

독일에 관한 로스토의 발언은 더더욱 흥미롭다. 그는 1952년 3~4월 러시아에서 나온 제안을 언급하기를 피한다. 당시 러시아는 재통일된 독일이 서방의 군사동맹에 가입하지 않도록 보장할 것을 전제로 1년 안에 독일에서 모든 군대를 철수하고 국제사회의 감독 아래 선거를 치러 독일을 통일하자고 제안했다.[9] 게다가 로스토는 자신이 트루먼과 아이젠하워 행정부의 전략적 기조를 어떻게 묘사했는지 잊어버린 듯하다. 그는 "서방이 유럽의 체제를 정비하고 독일의 재무장을 기정사실화해 러시아에 맞설 수 있을 때까지 소련과 진지한 협상을 피하는 것"[10]이 두 행정부의 전략이라고 봤는데, 이는 독일의 비군사화에 중점을 둔 포츠담협정에 반하는 일이다.

하지만 무엇보다 흥미를 끄는 것은 로스토가 이란을 염두에 두고 한 발언이다. 러시아가 북부 아제르바이잔에 무력으로 친소련 정부를 세워 이란의 석유에 대한 접근성을 높이려 한 것은 사실이다. 하지만 러시아의 시도는 1946년 군사력이 더 강한 미국과 영국에 가로막혔고, 이란에서는 강력한 제국주의 세력이 친서방 정부를 수립하고 석유를 이용할 권리를 차지했다. 1950년대 초 유일하게 대중의 지지를 받아 짧은 기간 집권한 이란 정부가 이란의 석유는 이란 국민의 것이어야 한다는 놀라운 발상을 실행에 옮겼을 때 어떤 일이 벌어졌는지 생각해보라.* 이 점에서

---

* 1951~1953년 이란의 총리로 재임한 모하마드 모사데크Mohammad Mossadegh는 석유 국유화를 추진하다가 미국과 영국이 사주한 쿠데타로 실각했다.

로스토가 북부 아제르바이잔을 '자유세계의 방어선'에 속하는 곳으로 묘사한 것은 흥미로운 일이다. '자유세계'라는 말이 얼마나 퇴색했는지는 이제 와서 굳이 이야기할 필요가 없을 것이다. 하지만 로스토의 주장대로라면 이란과 이란의 천연자원이 서방의 손에 넘어간 것이 자연법칙에 따라 일어난 일이기라도 하단 말인가? 서방의 이란 지배를 당연한 일로 전제하는 로스토의 발언은 미국의 외교 행위에 뿌리 깊게 자리한 태도를 여실히 드러낸다.

◆ ◆ ◆

문제는 지식인이 갈수록 진실에 무관심하다는 데서 그치지 않는다. 최근에 나온 발언을 보면, 지식인은 진심이든 아니든 미국의 행동을 경악스러울 정도로 순진하게 받아들인다. 일례로 1966년 2월 6일 〈뉴욕타임스〉 기사에 따르면, 아서 슐레진저는 1954년 당시 미국의 베트남 정책을 "일반적인 대외 친선 정책 중 하나"로 규정했다. 이 말이 아이러니를 의도한 것이 아니라면, 슐레진저가 대놓고 비아냥거린 것이거나 그가 현대사의 기본적인 사실관계조차 전혀 이해하지 못할 만큼 무능한 결과다. 그런가 하면 경제학자 토머스 셸링Thomas Schelling이 1965년 1월 27일 하원 외교위원회에서 한 발언은 어떻게 봐야 할까? 이 자리에서 셸링은 아시아 전체가 '공산화'[11]될 때 발생할 두 가지 심각한 위험을 논했다. 그 위험이란 첫째, "가난한 유색인종이 사는 거대한 지역이 미국과 서구 문명을 배척하고 적대할 것이다". 둘째, "미국의 가장 위대한 시도, 즉 저개발지역에 미풍양속과 번영, 민주정부의 기반을 만들려는 시도가 실패였거나 다시는 하지 말아야 할 일이었다고 인정해야 하고, 그러면 미국 같은 나라는 자신감을 유지할 수 없을 것이다". 미국 대외 정책의 역사를 조금이라도 아는 사람이라면 떠올릴 수조차 없는 발언이다.

셸링의 말은 역사를 더 거슬러 올라가 과거부터 이어진 위선적 도덕주의의 맥락에서 봐야 이해할 수 있다. 예를 들어 우드로 윌슨*은 라틴아메리카에 좋은

---

* 미국 28대 대통령(1913~1921년 재임)으로, 1918년 민족자결주의를 주창했다.

문제는 지식인이 갈수록
진실에 무관심하다는 데서
그치지 않는다.
최근에 나온 발언을 보면,
지식인은 진심이든 아니든
미국의 행동을 경악스러울 정도로
순진하게 받아들인다.

정부를 만드는 기술을 가르쳐주고자 했으며, 1902년
에 쓴 글에서 식민지 국민에게 "질서와 자제력, (…)
법을 지키는 훈련과 습관"을 가르치는 것이 "우리의
고유한 의무"라고 말했다. 또 다른 예로 1840년대 선
교사들은 아편전쟁이라는 추악하고 저열한 범죄를
두고 "인간의 사악함조차 중국을 향한 자비라는 목적
에 이용하는 하나님의 위대한 설계가 가져온 결과"로
설명했다. "서양의 기독교 국가들이 중국이 세운 배
척의 벽을 뚫어 중국이 이 국가들과 직접 교류"할 수
있게 됐다는 것이 그 이유다. 더 최근의 예로는 미국
국무부 라틴아메리카 담당 차관보를 지낸 아돌프 벌
리Adolf A. Berle의 발언을 들 수 있다. 벌리는 도미니카
공화국 내전에 미국이 개입한 일을 논평하면서 뻔뻔
하게 카리브해 국가들의 문제를 러시아의 제국주의
탓으로 돌렸다.[12]

◆　◆　◆

　회의적 사고를 하지 못하는 지식인의 예를 하나 더
들어보겠다. 헨리 키신저는 하버드와 옥스퍼드 학생

들이 미국의 베트남 정책을 놓고 벌인 텔레비전 토론회에서 사람들이 미국 정부의 판단이 아니라 동기를 의심하는 것이 무엇보다 자신을 곤혹스럽게 한다고 탄식했다. 정치 분석 전문가라는 사람이 이런 말을 하다니 놀라울 따름이다. 공식 선전에는 드러나지 않아 피통치자가 어렴풋하게 감지할 수 있는 동기를 가지고 각국 정부의 행위를 분석하는 것이 그가 하는 일 아닌가? 러시아인이나 프랑스인, 탄자니아인의 정치 행위를 보며 그 동기에 의문을 품고 공식 발언 뒤에 숨은 이해관계를 근거로 그들의 행동을 해석한다면 아무도 이를 문제 삼지 않을 것이다. 그에 반해 미국의 동기는 순수하며 분석 대상이 되지 않는다는 생각은 종교적 믿음이나 다름없다(미주 1 참고). 이처럼 순진한 믿음이 미국의 지성사(혹은 제국주의자들이 내놓는 변명의 역사)에서 어제오늘의 문제는 아니지만, 날이 갈수록 눈 뜨고 보기 어려운 지경에 이르고 있다. 그 덕을 보는 권력이 국제 문제에서 점점 더 큰 지배력을 행사하고, 그 권력이 마구잡이로 저지르는 악행이 대중매체를 통해 날마다 전해지기 때문이다. 미국이 물질적 이익을 추구하고, 엄청난 기술적 역량을 갖춘 동시에 하위 계층의 고통과 비참한 현실을 철저히 무시하는 최초의 강대국은 아니다. 그러나 오래전부터 이어진 지식인들의 순진한 믿음과 독선은 미국의 지성사를 망가뜨렸다. 따라서 제삼세계 국가는 미국이 말하는 진정성과 선의를 해석할 때 미국 지성계의 관행에 주의할 필요가 있다.

학계 지식인이 정치에 참여하기를 기대하는 사람이라면 케네디 행정부 관료들이 품고 있던 기본 가정을 곰곰이 살펴야 한다. 예를 들어 아서 슐레진저는 앞에 언급한 저서에서 자신이 피그스 만 침공에 반대했다고 밝혔지만, 그 진의를 따져볼 필요가 있다. 슐레진저가 피그스 만 침공을 "한심한 생각"으로 본 것은 사실이다. 하지만 그 이유는 "망명자들을 지원해 카스트로를 타도한다는 생각 자체를 받아들일 수 없어서"가 아니다. 그런 반응은 냉정한 현실주의자가 상상하기 힘든 감상주의에 지나지 않는다. 문제는 그 기만 작전이 성공하기 어려워 보였다는 점이다. 슐레진저가 보기에 피그스 만 침공은 계획 단계부터 문제가 많았으며, 그렇지 않았다면 반대할 이유가 없었다.[13] 비슷한 맥락에서 슐레진저는 도미니카공화국의 독재

미국의 동기는
순수하며 분석 대상이
되지 않는다는 생각은
종교적 믿음이나
다름없다.

자 라파엘 트루히요Rafael Trujillo가 암살당한 이후의 상황을 놓고 케네디가 내린 '현실주의적' 판단을 언급하며 동의를 표했다.

> 세 가지 가능성을 선호도에 따라 정리하면 다음과 같다. 제대로 된 민주 정권, 또 다른 트루히요 정권, 카스트로 정권이다. 우리는 첫 번째를 목표로 삼아야겠지만, 세 번째를 피할 수 있다고 확신하기 전에는 두 번째를 포기하기 어렵다(769쪽).

그는 세 번째 가능성을 받아들일 수 없는 이유를 몇 쪽 뒤(774쪽)에서 설명한다. "라틴아메리카에서 공산주의가 성공하면 미국의 힘과 영향력이 훨씬 심각한 타격을 받는다." 물론 세 번째 가능성이 절대 없다고는 아무도 보장할 수 없다. 따라서 미국은 지금도 브라질과 아르헨티나를 상대로 하듯, 실제로는 늘 두 번째를 선택할 것이다.[14]

또 다른 예로 미국의 아시아 정책에 대한 월트 로스토의 견해를 살펴보자.[15] 로스토에 따르면 미국의 아시아 정책은 "공산국가인 중국이 미국을 대놓고 위협하며, 미국이 중국에 위협받는다고 느낀다"는 데 기반을 둬야 한다. 여기서 미국이 정말로 위협받는가 하는 문제는 구태여 증명할 필요가 없으며, 관심의 대상이 되지도 않는다. 위협받는다는 '느낌'만으로 충분하다. 로스토는 미국의 정책이 국가적 전통과 국익에 기초해야 한다고 보는데, 그 전통은 다음과 같이 요약할 수 있다. "미국인은 19세기 내내 선한 양심에 따라 아메리카 대륙에서 자신들의 원칙과 힘을 확대하는 데 헌신했다." 미국은 이를 위해 "먼로주의* 개념을 유연하게" 활용했고, "미국의 이익을 알래스카와 중앙 태평양의 섬까지" 확장했다. "무조건적 항복 요구와 전후의 점령 계획은 (…) 미국이 유럽과 아시아에서 안보 이익을 구축했음을 보여준다." 로스토가 미국의 전통을 어떻게 봤는지는 이만하면 설명이 됐으리라. 그는 국익 역시 단순한 문제라고 생각했다.

---

* 미국 5대 대통령 제임스 먼로(1817~1825년 재임)가 제창한 외교정책. 미국이 유럽의 일에 간섭하지 않는 대신 유럽은 아메리카 대륙의 일에 간섭하지 않아야 한다는 선언.

요는 미국이 "다른 나라에서 국가를 상대로 개인의 존엄성을 보장하는 문화를 확립하는 데 지대한 관심"이 있다는 것이다. 이와 동시에 미국은 "이데올로기적 위협", 즉 "중국이 자국의 발전을 통해 공산주의가 민주주의보다 유리하고 빠른 방법임을 아시아인에게 입증할 가능성"에 대응해야 한다. 미국인이 생각하는 "개인과 국가의 올바른 관계"가 아시아 문화권의 어떤 사람들에게는 특별히 중요한 가치가 아닐지도 모르는데, 로스토는 그들에 관해서는 한마디도 하지 않는다. 예를 들어 그들은 국내외에서 자본이 집중되는 상황이나 트루히요 정권처럼 미국이 무력으로 수립해 권력을 유지하는 반半봉건 체제에 맞서 "개인의 존엄성"을 지키는 데 오히려 관심이 있을지도 모른다. 로스토는 이런 것을 전부 "미국의 종교적·윤리적 가치 체계"와 "복잡다단한 개념"이라고 말하고, 이는 아시아인의 눈에는 마르크스주의 도그마보다 "훨씬 난해"하며, 마르크스주의와 달리 "교조적인 면모"가 없기 때문에 "일부 아시아인에게 당혹감을 준다"고 주장한다.

슐레진저와 로스토 같은 지식인의 발언을 보면 아

미국이 정말로
위협받는가 하는 문제는
구태여 증명할 필요가 없으며,
관심의 대상이 되지도 않는다.
위협받는다는 '느낌'만으로
충분하다.

무래도 샤를 드골이 《회고록Memoires》에 남긴 표현을 고쳐야 할 듯하다. 드골은 미국이 "이상주의를 내세워 권력의지를 감춘다"고 말했다. 하지만 오늘날 미국의 권력의지는 이상주의로 가려지기는커녕 우둔함에 빠져 허우적대고 있다. 그리고 학계 지식인은 이 개탄스러운 현실에 특별한 공헌을 했다.

◆　◆　◆

　베트남전쟁과 미국의 지식인들이 전쟁에 보인 반응으로 돌아가자. 미국의 동남아시아 정책을 둘러싼 최근의 논쟁을 보면 한 가지 특징이 눈에 띈다. 한쪽의 주장은 '책임감 있는 비판'으로 평가하는 한편, 반대쪽 주장에는 '감상적·감정적·신경질적 비판'이라는 딱지를 붙이는 일이 흔하다는 것이다. 이런 이분법을 유심히 살피면 많은 것을 알 수 있다. 이른바 '신경질적인 비평가'란 미국은 할 수만 있다면 권력과 통제력을 제한 없이 행사할 권리가 있다는 미국판 정치의 기본 공리를 비이성적으로 거부하는 사람을 가리킨다. 반대로 책임감 있는 비평가는 그 가정에 문제를 제기하지 않지만, 미국은 아마도 베트남전쟁이라는 특수한 시기와 장소에는 그 가정을 이용해 "빠져나갈 수 없을 것"이라고 주장한다.

예를 들어 어빙 크리스톨Irving Kristol*은 미국의 베트남 정책에 반대하는 시위를 분석할 때 이와 같은 구분을 염두에 둔 것으로 보인다(《인카운터Encounter》, 1965년 8월). 크리스톨은 월터 리프먼Walter Lippmann, 〈뉴욕타임스〉, 풀브라이트William Fulbright 상원 의원 같은 책임감 있는 비평가를 '토론회teach-in 운동'**과 대비하며 다음과 같이 지적한다. "대학의 시위대와 달리 리프먼은 '베트남 국민이 진정으로 원하는 것'을 두고 근거 없는 가정을 하지 않으며, 그 문제에 큰 관심을 두지 않는다. 그는 남베트남에서 '침략'이나 '혁명'이 일어났는지, 그랬다면 어느 정도 수준이었는지 법적으로 해석하지도 않는다. 리프먼은 현실 정치적 관점에서 문제를 바라보며, 극단적인 경우에는 중국을 상대로 핵전쟁이 벌어질 가능성까지 고려할 것

---

* 미국 신보수주의의 대부로 평가받는 언론인.

** 공공장소를 점거해 대중 교육과 토론회를 벌이는 식의 집단행동.

이다." 크리스톨은 "비이성적이고 이데올로기적인 사람들"이 토론회 운동에서 벌이는 논의와 리프먼의 시각을 비교하며 후자의 손을 들어준다. 그가 보기에 토론회 운동에 참여한 시위자들은 대개 "도덕적 우월감에 빠진 조악한 '반제국주의'"처럼 불합리한 사상에 물들었고, "'권력 구조'에 대한 장광설"을 늘어놓는가 하면, 비굴한 태도로 "해외 언론이 베트남에 주둔한 미군에 관해 쓴 기사와 보고"를 읽는다. 더군다나 이 질 나쁜 시위대는 대체로 물리학자, 수학자, 화학자, 철학자 등으로 구성된다(여담이지만, 소련에서 가장 강경하게 체제에 반대하는 이들 역시 물리학자나 문인처럼 정치권력과 거리가 먼 사람이 많다). 이들은 정부 관계자와 관련이 없으며, 워싱턴에서는 "베트남 정책에 참신하고 좋은 아이디어가 있는 사람은 이를 청문회에서 설명하는 기회를 즉각 얻을 수 있다"는 사실을 모른다.

여기서 눈여겨봐야 할 점은 크리스톨이 미국의 베트남 정책에 반대하는 시위와 견해를 두고 내린 평가가 정확한지 아닌지가 아니다. 그의 말에 깔린 가정이 중요하다. 미국이 가진 동기의 순수성은 논의할 필요조차 없는 문제인가, 아니면 논의와 무관한 문제

미국의 권력의지는
이상주의로 가려지기는커녕
우둔함에 빠져 허우적대고 있다.
그리고 학계 지식인은
이 개탄스러운 현실에
특별한 공헌을 했다.

인가? 정부 정책에 관한 결정은 정부와 관계가 있는 '전문가들'에게 맡겨둬야 하는가? 설령 그 전문가들이 '최선의' 결정을 내리는 데 필요한 지식과 원칙을 안다고 가정하더라도 그들이 늘 그런 결정을 한다는 보장이 있는가? 그리고 논리적으로 이에 앞서 던져야 할 질문은 '전문성'이 이 문제와 어떤 관련이 있는 가다. 다시 말해 일반에 전혀 알려지지 않았으며 심리학자와 수학자, 화학자, 철학자는 이해할 수 없는 방식으로 미국의 외교정책을 분석하고 현재의 조치가 옳다는 것을 증명할 이론 체계와 관련 정보가 존재하는가?* 크리스톨은 이런 물음을 직접 검토하지 않겠지만, 그의 태도를 보면 그가 어떻게 답할지 예상할 수 있다. 그리고 그가 가정하는 답은 어느 모로 보나 잘못된 것이다. 아무리 그럴듯한 말로 포장해도 미국의 공격적 행보가 세계정세를 좌우한다는 사실에는 변함이 없으며, 미국의 정책은 그 이면에 있는 명분과 동기를 가지고 분석해야 한다. 정책에 대한 비판을 허

---

* 옮긴이의 글에서 설명한 에드워드 사이드의 '아마추어로서 지식인'을 참고하라.

용하지 않을 정도로 일반인이 이해하기 어려운 이론 체계나 방대한 관련 정보 같은 것은 없다. '전문 지식' 이 세계정세에 영향을 끼치는 한, 정직성을 갖춘 사람이라면, 그 지식이 타당한지 어떤 목적에 쓰이는지 의심할 필요가 있고, 마땅히 그래야 한다. 이는 더 논할 필요도 없을 만큼 당연한 사실이다.

◆ ◆ ◆

앞서 살펴봤듯, 크리스톨은 미국 정부가 베트남 정책과 관련해 언제든 새로운 시각을 받아들일 준비가 돼 있다는 묘한 믿음이 있다. 맥조지 번디는《포린 어페어스》최근 호(1967년 1월)에서 이런 믿음을 바로잡는 이야기를 했다. 번디가 정확히 짚었듯 전쟁 자체에 반대하는 "무대 뒤의 야인들"이 있기는 하지만, "주 무대에서는 근본적인 문제가 아니라 베트남에서 전술에 관한 논의"가 이뤄지고 있다. 물론 그 무대 중심에는 린든 존슨 대통령과 참모들이 있으며(존슨 대통령은 최근 아시아 순방에서 미국이 "태평양 너머에 있는 국가들의 발전"에 관심을 쏟고 있다고 "다시 한번 선포"했다), 번디는 이들이 "전쟁을 자제하기 바라는 사람들의 이해와 지지"를 받을 자격이 있다고 말한다. 존슨과 참모들은 "베트남 북부에 현대전에서 가장 정확하고 절제된 폭격"을 가했다는 점에서 칭찬받을 만하다는 것이다 (남딘, 풀리, 빈 등 베트남 북부 도시에 살고 있거나 살던 주민들이 들으면 퍽이나 감사할 일이다). 이들은 1965년 5월 종군 기자 맬컴 브라운Malcolm Browne이 쓴 보도 기사에 책임이 있는 사람들이기도 하다.

> 미군이 베트남 남부의 많은 지역을 '무차별 폭격 지대'로 선포하면서 움직이는 것은 뭐든 정당한 공격 목표가 되고 있다. 미군은 이 광활한 지역에 매주 수만 톤에 이르는 폭탄과 로켓, 네이팜탄, 대포를 퍼붓는다. 이 공격으로 확률상 심각한 인명 피해가 발생했으리라 짐작할 수 있다.

개발도상국에는 다행스럽게도 번디는 "미국의 민주주의에 제국주의 성향이 없으며, (…) 전반적으로 미국의 경험과 이해심, 연민, 단순 지식은 오늘날 세계 어느 나라보다 두드러지는 수준"이라 공언한다. 번디가 말한 대로 "현재 전 세계에서 이뤄지는 해외 투자의 80퍼센트를 미국인이 하고 있으며, 제아무리 훌륭하다는 계획이나 정책도 (…) 미국의 국익에 보탬이 되지 않으면 좋다고 할 수 없는 지경이다". 하지만 《포린어페어스》 같은 호를 보면, 소련의 1부총리 아나스타스 미코얀Anastas Mikoyan이 쿠바를 방문하고 몇 주 뒤 미국이 쿠바를 상대로 무력행사에 나서는 계획을 실행에 옮겨 "아주 오랫동안 미국이 독점적인 영향력을 행사하던 지역을 침공"한 사실을 확인할 수 있다. 불행히도 단순한 아시아의 지식인들은 이 같은 사실을 "제국주의 성향"을 드러내는 일로 받아들이곤 한다. 예를 들어 몇몇 인도인은 "비료 공장을 건설하는 데 외국자본을 유치하려고 애썼지만, 미국과 다른 서양 국가의 기업들은 우리가 궁지에 몰린 것을 알고 도저히 감당하기 힘든 조건을 요구"했고(〈크리스천사이언스모니터Christian Science Monitor〉, 11월 26일 기사), "미국 정부는 우리가 민간 부문에서 민간 기업과 거래해야 한다고 완강히 고집을 부렸다"(〈크리스천사이언스모니터〉, 12월 5일 기사)며 "울분"을 터뜨렸다.[16] 하지만 이 같은 반응은 아시아인이 서양 사상의 "복잡다단한 개념"을 이해하지 못한다는 것을 보여주는 또 다른 사례일 뿐이다.

◆ ◆ ◆

그렇다면 최근 워싱턴의 "즉각적인 정식 청문회"에서 "베트남 정책과 관련해 어떤 참신하고 좋은 아이디어"가 이목을 끄는지 찬찬히 들여다볼 필요가 있다. 미국 정부간행물출판국Government Printing Office, GPO에는 전문가들이 내놓는 조언의 도덕적·지적 수준이 어떤지 보여주는 자료가 넘쳐난다. 일례로 예일대학교 국제관계학 대학원의 연구 책임자 데이비드 로David N. Rowe 교수가 하원 외교위원회에서 한 발언이 그 출간물에 실려 있다(미주 11 참고). 이 자리에서 로 교수는 미국이 캐나다와 오스트레일리아에서 생산한 여분의 밀을 몽땅 사들여 중국에 대기근을 일으키자고 제안한다(266쪽).

제 말은 이를 중국 국민을 공격하는 무기로 쓰

자는 이야기가 아닙니다. 결국 그렇게 되겠지만, 그건 부수적인 결과일 뿐이죠. 이는 중국 정부에 맞서는 무기가 될 것입니다. 굶주림이 만연한 상황에서 중국 정부가 우호적으로 나오지 않으면 그 나라는 내적 안정을 유지할 수 없기 때문입니다.

로 교수는 감상적 도덕주의에 빠져 자신의 제안을 히틀러의 동방정책Ostpolitik* 같은 사례와 비교할 생각조차 하지 않을 것이다.[17] 그는 이런 정책이 일본을 비롯해 다른 아시아 국가에 줄 충격을 우려하지도 않는다. 로는 자신이 "오래전부터 일본에 대해 잘 알았으며 (…) 무엇보다 일본인은 권력과 결단을 존중하는 민족"이라고 장담하며 이렇게 말한다. "미국의 베트남 정책이 권력자의 위치에서 적대국 국민에게 힘을 행사하는 방향으로 나가더라도 일본인은 별로 놀라지 않을 것입니다." 로의 주장에 따르면, 일본인은

---

* 우월한 게르만인이 독일 동쪽에 사는 열등한 민족을 정복해 문명의 발전을 이뤄야 한다는 주장.

방금 인용한 것과 반대되는 "우유부단한 정책, 〔중국과 베트남의〕 문제에 확실히 책임지기를 거부하는 정책"에 당황할 것이며, 미국이 "일본에 익히 알려진 힘을 사용하기를 꺼린다"는 확신이 들면 "큰 충격에 빠져 미국과 우호 관계"가 흔들릴 수 있다. 일본인은 오히려 미국이 힘을 적극 행사할 때 더욱 안도할 텐데, 그 이유는 미국이 "어마어마한 힘을 휘두르는 것"을 눈앞에서 보며 "그 힘을 직접 느꼈기 때문"이다. 로의 주장은 어빙 크리스톨이 그토록 찬양하던 건전한 "현실 정치적 관점"을 잘 보여주는 사례다.

혹자는 미국이 대기근 같은 간접적인 방법을 고집할 이유가 무엇인지 물을 수 있다. 폭격은 왜 안 되는가? 시턴홀대학교 극동연구소의 레이먼드 드 재거 Raymond J. de Jaegher 이사는 하원 외교위원회에서 이런 의문을 담은 발언을 했다. 그는 공산주의 치하에서 살아온 사람이라면 누구나 그렇듯 북베트남인도 "자유를 찾을 수 있다면 폭격을 두 팔 벌려 환영할 것"이라 주장했다(345쪽).

물론 공산주의자를 지지하는 사람이 없지는 않다. 그러나 1953~1959년 미 국무부에서 극동 담당 차관보를 지낸 월터 로버트슨Walter Robertson은 외교위원회에서 공산주의 지지자 수는 신경 쓸 필요 없는 수준이라고 지적했다. 그는 "중국의 공산주의 정권은 (…) 기껏해야 인구의 3퍼센트를 대표"한다고 공언했다(402쪽).

유엔 주재 미국 대사 아서 골드버그Arthur Goldberg에 따르면, 중국의 공산당 지도자들은 베트콩 지도자들보다 운이 좋은 편이라 할 수 있다. 그는 베트콩이 "남베트남 인구의 0.5퍼센트"를 대표할 뿐이라고 주장했다(〈뉴욕타임스〉, 1966년 2월 6일 기사). 미 국방부가 낸 통계를 보면 이는 1965년 한 해 동안 남베트남에서 모집한 베트콩 신병의 절반에 불과한 숫자인데 말이다.[18]

크리스톨이 말한 과학자와 철학자는 앞으로도 이런 전문가에 맞서 자신들의 주장을 계속해야 할 것이다.

◆ ◆ ◆

크리스톨은 반전운동이 현실 정치와 무관하다고 결론지은 다음, 다른 문제로 넘어간다. 전반적으로 부유하고 자유로운 복지국가에서 무엇이 반전운동을 부추기며, 무엇 때문에 학생과 젊은 교수 들이 "좌파가 되는가" 하는 문제다. 크리스톨은 이를 "아직 어떤 사회학자도 답을 내지 못한 수수께끼"라고 묘사한다. 유복하고 앞날이 창창한 청년들이 반전시위에 나서는 것은 불합리한 일이기 때문이다. 따라서 청년들은 틀림없이 따분하거나 걱정거리가 너무 없다는 등의 이유로 시위에 나섰을 것이다.

물론 다른 가능성도 생각할 수 있다. 예를 들어 정직한 학생과 젊은 교수 들은 '전문가'와 정부에 책임을 떠넘기지 않고 자신이 직접 진실을 찾아내려 할 수 있다. 그리고 그들은 자신이 발견한 진실에 분개해 시위에 나섰을지 모른다. 크리스톨은 이런 가능성을 부정하지 않는다. 고려할 가치가 없기에 그럴 리 없다고 생각할 뿐이다. 더 정확히 말하면 이런 가능성은 표현할 수 없는 것이다. 크리스톨처럼 냉철한 사회과학자의 머릿속에는 이를 표현할 어휘(정직성, 분개)가 들어 있지 않다.

정직한 학생과 젊은 교수 들은

'전문가'와 정부에

책임을 떠넘기지 않고

자신이 직접

진실을 찾아내려

할 수 있다.

・　・　・

　크리스톨은 이렇게 전통적인 지적 가치를 은연중에 깎아내림으로써 학계에 만연한 태도를 보여준다. 나는 사회과학자와 행동과학자 들이 중요한 지적 성취를 이룬 과학 분야를 겉핥기로 모방하려고 애쓴다는 사실이 이런 태도가 퍼지는 데 영향을 미쳤으리라 확신한다. 여기에는 다른 원인도 있다. 우리는 누구나 인권과 인류의 문제에 관심 있는 도덕적 인간이 될 수 있다. 그러나 '정교한' 방법을 활용해 기술적인 문제를 해결할 수 있는 사람은 훈련받은 전문가인 대학교수뿐이다. 그러므로 이들은 후자에 속하는 문제만 중요하거나 실질적인 문제로 여긴다. 책임감 있고 이데올로기에 치우치지 않은 전문가는 전술적 문제에 조언을 제시할 것이다. 반대로 무책임하고 "이데올로기적인 사람들"은 원칙에 관해 "장광설"을 늘어놓으며, 도덕과 인권 문제, 인간과 사회를 둘러싼 전통적인 문제에 머리를 싸맬 것이다. 하지만 사회과학자와 행동과학자 들은 이런 문제에 할 말이 별로 없다. 따라서 감정적이고 이데올로기적인 사람이 이를 걱정하는 것은 비합리적인 일일 수밖에 없다. 먹고사는 데 문제가 없고 어느 정도 권력을 누리는 사람이라면 이런 문제에 신경 쓸 이유가 없기 때문이다.

때로 이 같은 유사 과학적 태도는 병적인 수준에 이르기도 한다. 일례로 미래학자 허먼 칸Herman Kahn의 저서가 일으킨 현상을 생각해보라. 칸은 부도덕하다는 비난과 용감하다는 찬사를 동시에 받았다. 알 만한 지식인은 그가 쓴 《On Thermonuclear War수소폭탄 전쟁》을 "특별한 수식어가 필요 없는 (…) 우리 시대의 명저"(스튜어트 휴즈Stuart Hughes)로 꼽았다. 그러나 종전의 학문적 기준을 적용하고, "객관적인 연구"를 바탕으로 "근거가 분명한 결론"을 끌어냈는지 따지고, 눈에 띄는 논증을 따라가다 보면 이 책이 우리 시대에 가장 공허한 책이라는 것을 알 수 있다. 칸은 자신이 흉내 내려 하는 과학과 달리 아무 이론이나 설명, 결론을 검증할 수 있는 사실적 가정을 내놓지 않는다. 그는 그저 용어를 제안하고, 그럴듯하게 합리적인 것으로 포장할 뿐이다. 칸은 특정 정책을 제시할 때면 이를 뒷받침할 근거를 대지 않은 채 단정적인 결론만 내놓는다(예를 들어 그는 러시아인을 자극하지 않으려면 "민방위 예산을 아마도 연간 50억 달러 이하로 책정해야 할 것"이라 말하면서도 왜 500억 달러나 5달러는 안 되는지 설명하지 않는다). 더구나 그는 자신의 주장에 근거가 없다는 것을 어느 정도 의식하고 있으며, 다음과 같은 발언을 할 때는 그나마 분별력 있는 모습을 보인다. "비교적 복잡한 모델이, 더 단순한 모델이나 판단을 돕기 위해 자주 사용되는 비유보다 잘못된 결과를 가져오기 쉽다고 볼 근거는 없다." 섬뜩한 농담을 즐기는 사람이라면 칸이 보여준 '전략적 사고'를 흉내 내서 원하는 결론을 손쉽게 입증할 수 있다. 예를 들어 칸은 다음과 같은 생각을 기본 가정으로 삼는다.

> 가치 표적*에 모든 자원을 쏟아붓는 전면적 기습은 지극히 비합리적이므로, 소련의 결정권자 중에 지적 능력이 심각하게 떨어지는 사람이나 실제로 미친 사람이 없다면 발생할 가능성이 매우 낮다.

---

* 도시나 민간인처럼 군사적 위협이 없는 공격 목표.

하지만 우리는 간단한 논증으로 정반대 결론을 끌어낼 수 있다. 전제 1 : 미국의 결정권자는 칸이 제시한 가정대로 사고한다. 전제 2 : 칸은 모두가 죽는 것보다 모두가 빨갱이가 되는 편이 낫다고 생각한다. 전제 3 : 미국이 전면적인 가치 표적 공격에 대응하면 모두가 죽을 것이다. 결론 : 미국은 전면적인 가치 표적 공격에 대응하지 않을 것이므로 소련은 즉각 공격에 나서야 한다. 물론 이 논증은 한 발 더 나갈 수 있다. 사실 : 러시아인은 전면적인 가치 표적 공격을 감행하지 않았다. 따라서 러시아인은 합리적이지 않다. 러시아인이 합리적이지 않다면 '전략적 사고'는 아무 의미가 없다. 논증은 이런 식으로 계속 이어갈 수 있다.

물론 이는 전부 터무니없는 생각이다. 그러나 이 논증이 칸의 논증과 다른 점은 그의 책에서 찾을 수 있는 모든 논증보다 조금 복잡하다는 것뿐이다. 진지한 사람들이 이런 터무니없는 주장에 실제로 귀를 기울인다는 사실에 주목해야 한다. 그 이유는 분명 칸이 내세우는 냉철한 현실주의와 유사 과학 때문일 것이다.

‘반전운동’ 역시 혼란스러울 때가 많은 것을 보면 호기심이 이는 동시에 실망에 빠진다. 일례로 1965년 가을, 베트남 문제에 관한 대안적 시각을 다룬 국제 학술대회에서는 예비 참가자에게 대회의 기본 방침을 담은 팸플릿을 배포했다. 주최 측은 다음과 같이 세 가지 ‘지적 전통’을 대표하는 연구 모임을 조직할 계획이었다. 1) 지역 전문가. 2) “국제 체제, 사회 변화와 발전, 분쟁과 분쟁 해결, 혁명에 관한 이론을 강조하는 사회 이론.” 3) “여러 신학과 철학, 인본주의 전통에서 나온 인간의 기본 가치를 중심으로 한 공공 정책 분석.” 주최 측에 따르면, 두 번째 지적 전통은 “사회 이론에서 도출하고 역사적·비교학적·실증적 자료에 비춰 검증한 일반 명제를 제시할 것”이었다. 세 번째 지적 전통은 “근본적 가치에 관한 질문을 던지고 사회적 행위의 도덕적 함의를 분석하는 데 필요한 틀을 제공할 것”이었다. 주최 측이 밝힌 목적은 다음과 같다. “모든 위대한 종교·철학 체계가 제시하는 도덕적 관점에서 〔베트남 정책에 관한〕 물음을 다룸으로써 현재 미국의 베트남 정책보다 인간의 근본 가치에 부합하는 해결책을 찾고자 한다."

요컨대 가치 전문가(즉 위대한 종교, 철학 체계의 대변인)가 도덕적 관점에 중요한 통찰을 제공한다면, 사회 이론 전문가는 경험으로 입증된 일반 명제와 "일반적인 분쟁 모델"을 제공한다는 것이다. 주최 측은 이들의 상호작용과 더불어 과학적 방법론의 기본 원칙을 적용하면 새로운 정책을 찾아낼 수 있으리라 기대했다. 하지만 내가 보기에 이들의 제안에서 논의할 만한 쟁점은, 확실히 검증된 일반 명제를 찾기 위해 사회 이론 전문가에게 기대는 일과 인간의 근본적 가치에 대한 통찰을 얻기 위해 위대한 종교, 철학 체계의 전문가에게 기대는 일 중 어느 쪽이 더 우스꽝스러운가 하는 것뿐이다.

이 문제에 관해서는 할 말이 많지만, 이쯤 해두겠다. 나는 전문가를 맹목적으로 떠받드는 태도는 그렇게 하자고 주장하는 사람에게만 이익을 가져다주는 기만행위나 다름없다는 사실을 강조하고자 한다. 물론 우리는 사회과학과 행동과학에서 배울 점은 전부 받아들여야 하며, 두 분야는 최대한 진지하게 연구해야 마땅하다. 그러나 우리가 사회과학과 행동과학의 이점과 연구자들이 내세우는 성취가 아닌 실제 성취를 근거로 두 분야를 받아들이고 판단하지 않는다면, 유감스러우면서도 위험천만한 결과가 나올 것이다. 외교 행위나 국내외 분쟁 해결에 적용할 수 있으며 충분히 검증된 이론 체계가 존재한다면, 지금껏 알리지 않고 꼭꼭 숨길 이유가 있겠는가? 베트남 문제 전문가를 자처하는 사람들이 베트남에서 미국 정부가 벌이는 일을 정당화할 원칙이나 정보를 알면서도 널리 알리지 않았다면, 그들은 무력하기 짝이 없는 사람들이라고 봐야 하지 않을까? 사회과학과 행동과학(혹은 '정책학')을 조금이라도 아는 사람이라면 그 분야에 외부인이 도저히 이해할 수 없을 만큼 심오한 내용과 원칙이 있다는 주장은 언급할 가치도 없는 허튼소리임을 알 것이다.

◆ ◆ ◆

지식인의 책임을 고려하면, 우리는 이데올로기를 고안하고 분석하는 지식인의 역할에 무엇보다 관심을 쏟아야 한다. 크리스톨이 비이성적이고 이데올로기적인 사람과 책임감 있는 전문가를 대비하면서 쓴 표현을 보면 사회학자 대니얼 벨Daniel Bell의 《이데올로기의 종언The End of Ideology》이 떠오른다. 큰 반향을 일으킨 이 흥미로운 에세이는 실제 쓰인 내용만큼이나 저자가 말하지 않은 내용이 중요한 글이다.[19] 벨은 부르주아가 "자신의 해방에 필요한 특수 조건을 현대사회를 구하고 계급투쟁을 피할 유일한 일반 조건"으로 믿는다는 마르크스의 유명한 말을 인용하면서, 이데올로기가 계급 이익을 감추기 위한 가면이라고 본 마르크스주의의 분석을 소개한다. 이어 벨은 이데올로기의 시대가 끝났으며, 적어도 서양에서는 모든 사회문제를 각기 다른 방식으로 해결해야 한다는 생각이 널리 자리 잡아 이데올로기를 대체했고, 복지국가의 틀에서는 공공 문제를 처리하는 전문가들이 중요한 역할을 맡을 것이라고 주장한다. 그러나 벨은 "이데올로기가 힘을 잃었다"고 말하면서도 '이데올로기'의 구체적인 의미를 꽤 세심하게 규정한다. 그가 말하는 이데올로기란 "여러 견해를 사회적 지렛대로 전환"하는 일이자, "생활양식 전체를 변혁하려는 (…) 열정을 담은 신념들의 집합"이다. 여기서 주목해야 할 말은 '변혁'과 '사회적 지렛대로 전환'이다. 벨은 서양의 지식인이 각종 견해를 사회적 지렛대로 바꿔 사회를 급진적으로 변혁하는 데 관심을 잃었다고 주장한다. 이제 서양에서는 복지국가라는 다원적 사회를 이룩했으므로 지식인은 사회를 급진적으로 변혁할 필요가 없다고 본다. 따라서 우리는 생활양식을 이곳저곳 손볼 수 있지만, 대폭 뜯어고치려하는 것은 잘못된 일이다. 지식인이 이 같은 합의에 도달하면서 이데올로기는 종언을 고했다.

벨의 에세이에는 몇 가지 눈에 띄는 점이 있다. 첫째, 벨은 지식인의 합의가 그들에게 얼마만큼 이익을 주는지 지적하지 않는다. 그는 지식인이 대부분 "생활양식 전체를 변혁"하는 데 흥미를 잃었다는 주장과 복지국가 운영에서 지식인들의 역할이 점점 중요해진다는 사실을 연관 짓지 않는다. 벨은 지식인이 복지국가에 대체로 만족한다는 사실과 그가 다른 곳에서 펼친 다음의 주장도 연관 짓지 않는다. "미국은 한때 급진주의자였던 사람들조차 (…) 직위와 명망을 누릴 만큼 풍요로운 사회가 됐다." 둘째, 벨은 지식인이 사회를 변혁해야 한다는 생각을 거부함으로써 합

지식인의 책임을 고려하면,

우리는 이데올로기를

고안하고 분석하는

지식인의 역할에

무엇보다

관심을 쏟아야 한다.

의에 도달했다고 말하면서도 그들의 합의가 '옳다'거나 '객관적으로 정당하다'고 진지하게 논증하지 않는다. 게다가 벨은 '신좌파'의 공허한 수사를 예리하게 비판하면서도 정작 전문가들이 남아 있는 문제, 이를테면 노동이 상품으로 취급된다는 사실과 그에 따른 '소외'의 문제 등에 잘 대처하리라는 유토피아적 믿음을 내비친다.

우리에게는 오래전부터 이어진 수많은 문제가 해결되지 않은 채 남아 있다. 심지어 이런 문제는 규모와 심각성이 더 커졌다고 해도 과언이 아니다. 예를 들어 풍요 속의 빈곤이라는 오래된 역설은 이제 전 세계에서 나날이 심각해지는 문제다. 국내 문제는 이론상이나마 해결책을 떠올릴 수 있겠지만, 벨이 말한 지식인의 합의라는 틀로는 세계 곳곳에서 날로 커지는 인류의 고통을 해결하기 위해 국제사회를 변혁할 합리적 방안을 떠올리기 어렵다.

◆ ◆ ◆

벨이 말한 지식인의 합의는 조금 다른 용어로 풀

어낼 필요가 있어 보인다.《이데올로기의 종언》1부에 나온 표현을 빌려 설명하면, 복지국가의 전문가는 "과학"을, 정확히는 사회과학이 국내외 사회문제를 손볼 기술을 뒷받침할 수 있다는 주장을 내세워 자신이 사회적으로 특별하고 중요한 지위를 누려야 할 이유를 설명한다. 그 전문가는 한 발 더 나가, 우리가 익히 아는 방식으로 계급 이익이나 다름없는 것에 보편적 타당성을 부여한다. 자신의 권력과 권위를 뒷받침하는 특별 조건은 사실상 현대사회를 구할 수 있는 유일한 일반 조건이며, 우리는 과거의 "총체적 이데올로기", 즉 사회를 변혁하는 데 관심을 쏟는 이데올로기를 버리고 복지국가의 틀에서 사회문제를 손봐야 한다는 것이다. 권력자로서 자리 잡아 안전과 부를 얻은 전문가에게는 급진적 변화를 지향하는 이데올로기가 더는 필요하지 않다. 그리하여 이제는 학자-전문가 scholar-expert가 '자유 부동하는free-floating 지식인'*을 대

---

* 헝가리 태생 독일 사회학자 카를 만하임Karl Manheim이 제안한 용어로, '특정 집단의 이익이나 이데올로기에 휘둘리지 않고 자유롭게 사고하는 지식인'을 뜻한다.

체한다. 자유 부동하는 지식인은 "잘못된 가치가 존중받는다고 생각해 사회를 거부"했지만, 이제(올바른 가치가 존중받고 있기에) 정치적 역할을 잃어버렸다.

'산업사회'를 관리할(혹은 관리하기 바라는) 전문가가 사회를 급진적으로 변혁하지 않고도 오래전부터 이어진 문제를 해결하지 못하리란 법은 없다. 자신의 해방에 필요한 특수 조건을 현대사회를 구할 유일한 일반 조건으로 본 부르주아의 생각이 옳았는지도 모른다. 그러나 이런 주장은 적절한 논증으로 뒷받침돼야 하며, 아무런 논증이 없다면 의심의 눈으로 봐야 마땅하다.

한편 벨은 앞서 언급한 유토피아적 믿음에 따라 복지국가의 학자-전문가와 제삼세계의 이데올로그*를 흥미로운 방식으로 비교한다.

벨은 공산주의의 내용은 "지지자와 반대자가 모두 잊은 지 오래"이므로 새삼스럽게 공산주의를 문제 삼을 필요가 없다며 날카롭게 꼬집는다. 그 대신 벨은

---

* 특정의 계급적 입장이나 당파를 대표하는 이론적 지도자를 이르는 말.

다음과 같이 묻는다.

> 그보다 오래된 물음을 던져야 한다. 민주적 제
> 도를 구축해 대중이 자발적으로 선택과 희생
> 을 할 기반을 만들면 새로운 사회가 성장할 수
> 있는가, 아니면 기고만장하게 권력을 휘두르는
> 새 엘리트 계층이 전체주의적 수단을 강요해
> 사회를 변혁할 것인가?

◆ ◆ ◆

이는 분명 흥미로운 문제지만, 벨이 이를 "오래된
물음"이라 일컫는 것은 이상한 일이다. 그가 서양이
민주적 방식을 선택했다고 볼 리는 없다. 예를 들어
산업혁명 시기 영국에서 농부들이 자발적으로 땅을
버리고 가내수공업을 포기한 채 산업 프롤레타리아
가 되기로 선택했겠는가? 그들이 19세기 산업사회를
생생히 묘사한 고전소설 속 인물처럼 비참하게 산 것
이 민주적 제도 아래 희생을 선택한 결과였겠는가?
저개발지역에서 자본을 축적하려면 권위주의적 통치

가 필요한가라는 문제는 논쟁의 여지가 있다. 하지만 서양의 개발 모델은 뽐내며 내세울 만한 것이 결코 아니다. 월트 로스토 같은 사람이 "서구의 가치관이 더 인도적인 [산업화] 과정을 제시"(《An American Policy in Asia미국의 아시아 정책》)하리라고 말하는 것은 그리 놀랄 일이 아니다. 하지만 개발도상국이 직면한 문제가 무엇인지, 선진 산업국가가 개발도상국의 발전과 근대화를 위해 대략 어떤 역할을 할 수 있는지 진지하게 고민하는 사람이라면 서구 사회의 경험에 어떤 의미가 있는지 더 조심스럽게 해석해야 한다.

벨이 던진 물음으로 돌아가자. "민주적 제도를 구축하면 새로운 사회가 성장할 수 있는가", 아니면 사회변혁은 전체주의적 수단으로만 이룰 수 있는가? 나는 정직한 사람이라면 이 물음을 제삼세계의 이데올로그보다 미국의 지식인에게 던져야 한다고 생각한다. 개발도상국은 도저히 대처하기 힘든 문제를 안고 있지만, 선택지가 많지 않다. 반면에 미국은 폭넓은 선택지가 있으며, 적어도 개발도상국의 문제 중 일부를 해결할 경제적·기술적 자원이 있다(물론 미국에 그만한 지적·도덕적 자원이 있다고 보긴 어렵다). 미국의 지식인이 천부적 자유freedom와 사회적 권리로서 자유liberty에 있는 이점을 놓고 설교를 늘어놓기란 쉬운 일이다. 하지만 그 지식인이 이를테면 중국의 전체주의나 중국 농민들이 강압적인 산업화 과정에서 짊어져야 할 부담을 진심으로 걱정한다면, 훨씬 무겁고 힘든 과업을 떠맡아야 한다. 중국이 자국의 물질적 부와 기술적 역량에 걸맞은 방식으로 근대화와 발전을 이루도록 허용하려면, 미국 내에서 그에 필요한 사회적·경제적 조건뿐 아니라 지적·도덕적 풍토가 형성돼야 하기 때문이다. 쿠바와 중국에 막대한 자본을 선물하더라도 자본축적의 초기 단계에 나타나기 쉬운 권위주의와 공포정치를 누그러뜨리지 못할 수 있지만, 민주적 가치에 대해 설교를 늘어놓는 것보다는 훨씬 효과가 클 것이다. 이른바 "자본주의의 포위"가 갖가지 형태로 현실화하지 않더라도 관료와 기술 지식인으로 구성된 '엘리트' 계층은 혁명운동에서 진정으로 민주적인 요소를 훼손할 수 있다(경우에 따라서는 평의회와 집단농장이 민주적 요소에 해당한다). 그러나 자본주의의 포위 자체는 오늘날 모든 혁명운동이 맞닥뜨린 문제로, 혁명운동의 민주적 요소를 틀림없이 무너뜨릴 것이다. 이런 사실이 개발도상국 사회의 민주적·자발적·민중적 요소를 강화하기를 바라는 이들에게 주는 교훈은 분명하다. 양당제 혹은 서구 사회에서 일부 실현된 중대한 민주적 가치를 두고 설교를 늘어놓는 것은 제삼세계의 발전에 티끌만큼도 도움이 안 되는 일이다. 그보다 제삼세계의 경제와 진정한 민주제도의 발전을 위해 '사회적 지렛대'를 제공할 수 있을 만큼 서구 사회의 문화 수준을 높이는 일이 훨씬 중요하다(이는 서구 사회의 민주제도를 위해서도 필요한 일이다).

◆ ◆ ◆

권력과 부를 이미 손에 넣었거나 있는 그대로 "사회를 받아들이고" 현재 사회에서 "존중받는" 가치를 옹호함으로써 권력과 부를 누릴 수 있다고 생각하는 지식인 사이에 모종의 합의가 있다고 볼 근거가 충분하다. 이런 합의는 과거의 자유 부동하는 지식인을 대체하는 학자-전문가에게서 가장 눈에 띈다. 대학교에서 이 학자-전문가들은 앞서 말한 의미의 "책

쿠바와 중국에

막대한 자본을 선물하더라도

자본축적의 초기 단계에

나타나기 쉬운

권위주의와 공포정치를

누그러뜨리지 못할 수 있지만,

민주적 가치에 대해

설교를 늘어놓는 것보다는

훨씬 효과가 클 것이다.

임감 있는 태도"를 취하며 현대사회의 복잡한 문제를 해결하기 위한 '가치중립적 기술'을 구축한다.[20] 미국 내에서 책임감 있는 학자–전문가들이 이룬 합의는, 국제정치에서 막대한 인명 피해를 낳더라도 미국이 아시아에 강제력을 행사해야 한다는 주장과 비슷하다. 이런 주장을 펼치는 사람들은 "중국의 팽창"을 막기 위해 필요한 일이라는 이유로 미국의 개입을 정당화한다(물론 아직 중국의 '팽창'은 가설에 지나지 않는다).[21] 국무부의 모호한 선전 용어를 빌려 말하면, 미국의 개입은 아시아에서 민족주의 혁명을 저지하거나 적어도 혁명이 확산하는 것을 막기 위해 필요하다. 이 같은 주장이 어떤 방식으로 구체화했는지 유심히 살피면 학자–전문가들의 합의와 어떤 점에서 비슷한지 분명히 알 수 있다. 윈스턴 처칠은 1943년 테헤란에서 당시 동맹 관계인 스탈린에게 자신의 대략적인 입장을 늘 그랬듯 명쾌한 말로 설명했다.

세계의 통치는 지금 가진 것보다 많은 것을 바라지 않고 만족하는 국가의 손에 맡겨야 합니다. 세계 통치가 굶주린 국가의 손에 넘어간다면 늘 위험이 따를 겁니다. 하지만 우리 중 어느 나라도 더 많은 것을 가지려 할 이유가 없습니다. (…) 우리에게는 다른 나라 위에 설 힘이 있습니다. 우리는 자기 거주지 안에서 평화로이 지내는 부자와 같습니다.

처칠의 유창한 웅변을 현대 사회과학 용어로 바꿔 표현하면 미국의 싱크 탱크 랜드연구소의 선임경제학자 찰스 울프Charles Wolf가 하원 외교위원회 청문회에서 한 증언과 비슷할 것이다.

포위당할지 모른다는 중국의 두려움이 장기적으로 누그러지리라 생각하기는 어렵습니다. 그러나 저는 우리가 동남아시아에서 하는 일을 계기로 중국 내에서 현실주의가 자리를 잡고, 중국인이 해방운동을 지원하는 것으로 두려움을 달래기보다(해방운동에는 분명 외부의 지원보다 훨씬 많은 것이 필요합니다) 두려움을 안고 살아가는 법을 배우기 바랍니다. (…) 미국의 외교정책 운용과 관련해 던져야 할 질문은 중국의 두려움을 없애거나 상당 부분 누그러뜨릴 수 있는가가 아니라, 중국이 기꺼이 두려움을 안고 살아가도록 유도할 장려책과 상벌 체계를 제시할 수 있는가입니다.

울프가 한 증언의 의미는 경제학자 토머스 셸링의 말을 보면 더욱 분명해진다. "중국인에게 도움이 될 만한 경험이 점점 많아지고 있다. 미국은 중국을 포위하거나 중국이 인근 지역으로 영향력을 넓히는 것을 막는 데 관심이 있더라도, 중국인이 평화적으로 행동할 준비가 된다면 마찬가지로 평화롭게 행동할 것이다."

요컨대 미국은 자기 거주지 안에서 평화롭게 살 준비가 돼 있다(물론 미국의 거주지는 어마어마하게 넓다). 당연하게도 미국은 하인이 지내는 숙소에서 경솔하게 시끄러운 소리를 내면 화가 난다. 달리 말해 농민 중심의 혁명운동이 열강과 그들이 지원하는 국내의 체제에서 독립하려 한다면, 미국이 중국을 위해 강화 계획을 준비했는데도 중국이 무례하게 반응을 보이지 않는다면, 자비롭고 평화를 사랑하며 천부적 권리에 따라 중국 국경 인근의 땅을 지배하는 '부자'들이 중국을 포위하는 것에 중국이 반대하고 나선다면, 미국은 중국의 호전적 태도에 맞서 적절한 힘으로 대응해야 한다.

◆ ◆ ◆

이 같은 사고방식을 보면 미국이 베트남에서 정치적 합의를 허용하지 않은 이유를 해명할 때 정부 관계자와 친親정부 지식인이 보이는 솔직한 태도를 이해할 수 있다. 미국은 북베트남과 남베트남이 베트남 현지의 실제 세력 분포에 따라 합의하도록 두지 않았다. 하지만 정부의 전문가조차 남베트남민족해방전선National Liberation Front, NLF(베트콩과 혼용)이 "남베트남에서 진정으로 대중적 기반을 갖춘" 유일한 정당임을 스스럼없이 인정한다.[22] "(NLF는) 대중을 조종하기는 했지만, 정치 참여를 확대하려고 의식적으로 부단한 노력을 기울였고, 이로써 지역민을 독립적·자족적 혁명에 끌어들이고자 했다"(374쪽). 그리고 NLF의 노력이 큰 성공을 거두면서 "불교도를 제외한" 남베트남의 모든 정치 집단은 "NLF와 연합하기에는 규모와 세력 면에서 비교가 안 된다고 생각했으며, NLF와 힘을 합쳤다가는 피라미가 고래 입속으로 뛰어드는 꼴이 되리라 우려했다"(362쪽). 더군다나 전문가들은 압도적인 힘을 자랑하는 미군이 개입하기 전에는 NLF가 투쟁은 "정치적 차원에서 벌여야 하며, 대규모 군사력을 동원하는 것은 그 자체로 부당한 일이다. (…) 우리는 베트남 농민의 사고방식과 충성심을 전쟁터로, 사상을 무기로 삼아야 한다"고 주장했음을 인정한다(91~92쪽; 이 밖에 93쪽, 99~108쪽, 155쪽 이하 참고). 이런 생각에 따라 NLF가 1964년 중반까지 북베트남 정부에게서 받은 지원은 "주로 당의 이념을 전파하는 요령과 지도부 인사"에 불과했다(321쪽). 미국이 입수한 NLF의 문서를 보면 그들이 적의 "군사적 우위"와 자신들의 "정치적 우위"를 대비하고 있음을 알 수 있다(106쪽). 이는 "병력이 많아도 정치적인 힘이 부족한 상황에서 군사력은 대단하지 않지만 정치권력이 막대한 적을 억누를" 방법을 찾는 것이 미국의 문제라고 본 미군 대변인의 분석과 일맥상통한다.[23]

마찬가지로 1966년 2월에 열린 호놀룰루 회담과

10월에 열린 마닐라 회담에서는 남베트남 정부의 고위 관료들이 "베트콩 게릴라 부대를 해체하더라도 베트콩의 정치 구조를 그대로 두는 방향으로 '평화협정'을 맺는다면 자신들은 살아남을 수 없으며 (…) 베트남의 공산주의자와 정치적으로 경쟁할 능력이 없다"고 솔직하게 인정한 점이 가장 눈에 띈다(찰스 모어Charles Mohr, 〈뉴욕타임스〉 1966년 2월 11일). 이에 따라 모어는 베트남이 요구할 "평화 회복 프로그램"의 "핵심"은 "베트콩의 비밀스러운 정치 구조를 혁파하고, 국민을 정치적으로 통제할 강력한 정부 제도를 수립하는 것"이라 설명했다. 모어는 1966년 10월 23일 마닐라 회담을 취재하며 쓴 기사에서 남베트남 고위 관료의 발언을 다음과 같이 인용했다.

솔직히 말해 정치적 기반만 놓고 보면 우리는 공산주의자와 경쟁할 만한 힘이 없습니다. 공산주의자는 조직적이고 규율이 잘 잡혀 있지만, 공산당에 속하지 않은 민족주의자는 그렇지 못하죠. 우리는 규모가 크고 체계적인 정당을 갖추지 못했으며, 아직 단결하지 못하고 있

습니다. 그렇기에 우리는 베트콩을 그대로 놔
둘 수 없습니다.

워싱턴의 관료들은 이 같은 상황을 십분 이해한다.
이에 따라 딘 러스크Dean Rusk 국무부 장관은 다음과
같이 지적했다. "베트콩이 완전히 동등한 입장에서
회담에 참석한다면, 그들은 남베트남과 미국이 저지
하고자 한 목표를 이뤘다는 점에서 이미 성공을 거둔
셈이다"(1966년 1월 28일). 워싱턴을 취재하던 〈뉴욕타
임스〉 막스 프랑켈Max Frankel 기자는 1966년 2월 18
일 기사에서 다음과 같이 보도했다.

> 워싱턴은 협상에 전혀 관심을 보이지 않고 있
> 다. 정부는 남베트남에서 공산주의자가 연정
> 에 참여하면 남베트남 비공산주의 세력이 머지
> 않아 몰락할 것이라고 오래전에 결론을 내렸기
> 때문이다. 정부가 베트콩과 대화하거나 베트콩
> 을 독립적인 정치 세력으로 보기를 완강히 거
> 부해온 것은 이런 이유 때문이지, 협상 규칙에
> 지나치게 엄격한 의미를 부여해서가 아니다.

요컨대 베트콩은 지난 6년간 연립정부를 세우자고 요구해왔지만, 미국은 베트콩이 자신들의 입장을 외세의 대리인으로 낮추고 연정에 참여할 권리를 포기할 경우에만 베트콩의 대표가 협상에 참석하도록 아량을 베풀 생각이라는 뜻이다. 미국은 어떤 식으로든 대표성 있는 연립정부가 수립되면 미군의 지원 없이는 미국이 내세운 대표자들이 하루도 버틸 수 없으리라는 것을 잘 안다. 따라서 미국은 미국에 종속된 정부가 베트남 국민을 군사적·정치적으로 통제하는 날이 올 때까지, 베트남에서 군사력을 늘리고 의미 있는 협상을 거부해야 한다. 하지만 국무부의 동아시아·태평양 담당 차관보 윌리엄 번디William Bundy가 지적했듯, 그런 날은 영영 오지 않을지도 모른다. 동남아시아에서 "서구 세력이 실제로 철수"하고 나면 그 지역 안보에 무슨 일이 벌어질지 장담할 수 없기 때문이다. 따라서 미국이 "중립화라고 이름 붙일 수 있는 해결책을 마련하고자 협상"에 나선다면 이는 공산주의자에게 항복하는 것과 다름없다.[24] 이런 논리에 따르면 남베트남은 영원히 미국의 군사기지로 남아 있어야 한다.

물론 이 모든 주장이 타당하려면 다음과 같은 생각을 근본적인 정치적 공리로 받아들여야 한다. 힘없고 억압받는 사람들의 권리를 염려하는 전통과 후진국의 적절한 발전 방식에 관해 독보적인 통찰력을 가진 미국은 다른 나라들이 이런 진실을 받아들이거나 희망을 버릴 때까지 무력을 동원해서라도 자국의 뜻을 용감하고 집요하게 관철해야 한다는 것이다.

◆ ◆ ◆

진실을 고집하는 것이 지식인의 책임이라면, 역사적 관점에서 사건을 이해하는 것 또한 지식인의 의무다. 따라서 딘 러스크 국무부 장관이 뮌헨 협정*을 예로 들며 역사적으로 유사한 사례의 중요성을 강조한 것은 칭찬할 만한 일이다. 뮌헨 협정의 예에서 확인할 수 있듯, 힘 있고 공격적이면서 자신의 명백한

---

* 1938년 9월 뮌헨에서 영국, 프랑스, 이탈리아, 독일이 맺은 협정. 영국과 프랑스는 나치 독일과 직접적인 충돌을 피하고자 협정을 통해 독일이 체코슬로바키아의 수데텐란트 지역을 합병하도록 승인했다.

진실을 고집하는 것이
지식인의 책임이라면,
역사적 관점에서
사건을 이해하는 것 또한
지식인의 의무다.

운명*에 광적인 믿음을 가진 나라는 승리를 거둬 세력과 권위를 확대할 때마다 이를 다음 단계로 나가기 위한 발판으로 간주한다. 미국의 정치인 애들레이 스티븐슨Adlai Stevenson은 이런 경향을 두고 "마지막 문 앞에서 저항에 부딪혀 큰 전쟁이 일어날 것을 알면서도 그 순간이 올 때까지 점점 더 많은 문을 열어젖히고 나가는 것이 팽창주의 세력의 오랜 행동 방식"이라고 명쾌하게 정리했다. 중국이 소련에게 끊임없이 지적하듯, 유화정책이 위험한 이유가 바로 여기에 있다. 중국은 소련이 베트남 문제를 놓고 미국에 보이는 태도는 체임벌린Neville Chamberlain이 히틀러에게 보인 태도와 다르지 않다고 주장한다.** 물론 자유주의적 제국주의 세력의 공격성은 나치 독일의 공격성과 다르지만, 그 차이는 독가스로 살상되거나 소각당하고 있는 베트남의 농부에게는 학술적인 것으로

---

* 19세기 미국의 팽창주의를 뒷받침한 논리로, 미국은 하늘이 내린 운명에 따라 북아메리카 대륙 전체로 세력을 확장해야 한다는 생각을 담고 있다.

** 1937년 영국 총리에 오른 체임벌린은 나치 독일을 상대로 유화정책을 펼친 끝에 뮌헨 협정을 맺었다.

밖에 들리지 않을 것이다. 미국은 아시아를 점령하기를 원하지 않는다고 말한다. 앞서 언급한 찰스 울프의 말을 빌리면, 미국은 "아시아 국가들이 경제 근대화를 이루고 비교적 '개방'되고 안정된 사회를 건설해 미국 정부와 시민이 그들과 더 자유롭고 편안하게 교류하기를" 바랄 뿐이다. 울프의 표현은 참으로 적절하다. 최근의 역사를 보면, 미국이 '개방된 사회'라는 말을 자기만의 독특한 의미로 사용하는 것을 알 수 있다. 요컨대 미국은 자국의 경제적 침투와 정치적 지배에 열려 있으면 그 나라의 정부 형태가 어떻든 신경 쓰지 않는다. 이런 목적을 이루기 위해 베트남에서 대량 학살에 가까운 일을 벌여야 한다면, 미국은 이를 자유와 인권 수호에 지불해야 할 대가로 받아들일 것이다.

미국은 영토 확장을 염두에 두지 않은 채 다른 나라가 개방된 사회로 나가도록 도우면서, 대놓고 새로운 땅을 개척하지는 않는다. 하지만 정치학자 한스 모겐소Hans Morgenthau는 하원 외교위원회 청문회에서 미국의 전통적인 대對중국 정책을 가리켜 "이를테면 중국을 수탈하기 위한 경쟁의 자유"를 부추기는 정책이라 꼬집었다(앞의 책, 128쪽). 실제로 제국주의 열강이 영토를 넓히려는 야심을 노골적으로 드러내는 경우는 거의 없다. 일례로 1784년 영국 의회는 이렇게 선언했다. "인도에서 정복과 영토 확장 계획을 추진하는 것은 인도의 소망과 명예, 정책을 거스르는 조치다." 그러나 얼마 지나지 않아 영국은 본격적으로 인도 정복에 나섰다. 100년 뒤 영국은 이집트에서 "개입, 개혁, 철수"라는 목표를 내걸었지만, 이후 50년 동안 영국이 세 가지 약속 중 무엇을 실행에 옮겼는지는 잘 알려져 있다. 1936년 중국 화베이에서 교전이 벌어지기 전날, 일본은 국가정책의 기본 원칙을 발표했다. 여기에는 일본의 힘을 확대하고, 사회적·경제적 발전을 장려하고, 공산주의의 위협을 근절하고, 강대국들의 공격적인 정책을 바로잡고, 동아시아에 안정을 가져오는 세력으로 자리매김하기 위해 온건하고 평화적인 수단을 사용하겠다는 내용이 들어 있었다. 심지어 일본 정부는 1937년에도 "중국의 영토를 침탈할 계획이 없다"고 주장했다. 요컨대 미국은 여러 제국주의 세력이 지나간 길을 답습하는 것이다.

참고로 미국은 1939년까지만 해도 일본과 통상조

약을 맺을 생각이 있었다. 당시 국무부 장관 코델 헐 Cordell Hull이 말했듯, "미국이 중국에서 누려야 할 권리와 이익을 두고 일본이 다른 태도와 행동"을 취했다면 미국은 일본과 협정을 맺었을 것이다. 충칭 대공습*과 난징 대학살은 미국에도 당연히 불쾌한 사건이지만, 당시 이른바 책임감 있고 합리적인 지식인들은 미국이 중국에서 누려야 할 권리와 이익이야말로 진정으로 중요한 것이라 확신했다. 일본이 문호를 닫은 탓에 태평양전쟁이 벌어질 수밖에 없었듯 '공산주의' 국가인 중국이 문호를 닫으면 또 다른 태평양전쟁이 벌어질 공산이 크며, 이는 분명 최후의 전쟁으로 이어질 것이다.

◆　◆　◆

성실하고 헌신적인 전문가들이 내놓는 발언을 보면 최근 벌어진 만행의 바탕에 깔린 지적 태도와 관련해 놀라운 통찰을 얻을 때가 많다. 일례로 1959년

---

* 일본이 중일전쟁 당시 5년간 충칭을 무차별 폭격한 작전.

경제학자 리처드 린드홀름Richard Lindholm이 '자유 베트남'에서 경제개발이 실패한 데 실망을 표하며 남긴 논평을 살펴보자.

> 미국의 원조가 어떻게 쓰일지는 베트남인이 소득과 저축을 사용하는 방식에 따라 정해진다. 베트남에서 미국의 원조를 받아 수입한 물품이 대부분 소비재거나 소비자가 수요에 따라 직접 사용하는 원자재라는 사실은 베트남 대중이 이 상품들을 원한다는 뜻으로 볼 수 있다. 베트남인은 이 상품들을 구매하기 위해 기꺼이 돈을 쓰겠다는 의향을 보임으로써 자신들의 욕구를 드러냈기 때문이다.[25]

다시 말해 베트남 대중이 자유 시장에서 보인 행동에서 알 수 있듯, 그들은 설탕 정제나 도로 건설에 쓰는 장비보다 뷰익 자동차와 에어컨을 원한다. 그리고 베트남인의 자유로운 선택이 아무리 못마땅해도 우리는 그들이 뜻대로 하도록 둘 수밖에 없다. 물론 베트남의 시골에서는 짐 나르는 두발짐승과 다름없는 사람들도 볼 수 있지만, 정치학과 대학원생 정도면 누구나 설명할 수 있듯 그들은 책임감을 갖고 근대화를 이끄는 엘리트 계층에 속하지 않으며, 생물학적으로 인간의 외양을 하고 있을 뿐이다.

베트남에서 벌어진 학살에는 이런 태도가 적잖은 영향을 끼쳤으며, 우리는 이를 솔직하게 인정해야 한다. 그렇지 않으면 정부는 베트남에서 '최종 해결책'*을 시행하고, 장차 또 다른 베트남에서 똑같은 일이 벌어질 것이다.

마지막으로 드와이트 맥도널드가 지식인의 책임을 두고 남긴 이야기로 돌아가자. 맥도널드는 나치 강제수용소에서 일하던 경리장교와 인터뷰한 내용을 인용한다. 그는 러시아인이 자신을 교수형에 처할 것이라는 말을 듣고 울음을 터뜨리며 말했다. "왜 그래야 하나요? 내가 뭘 잘못했는데요?" 맥도널드는 이렇게 결론 내린다. "정부가 도덕률과 배치되는 행동을 할 때, 정부에 기꺼이 저항하는 사람만이 강제수용소의

---

* 나치는 유대인 절멸 계획을 '유대인 문제에 대한 최종 해결책'으로 완곡하게 표현했다.

경리장교를 비난할 자격이 있다." "내가 뭘 잘못했는 가?"는 베트남에서 벌어지는 새로운 참극의 기사를 매일 읽을 때마다 우리가 자신에게 마땅히 던져야 할 물음이다. 다음번 자유 수호를 정당화할 기만을 만들고 퍼뜨리고 용서할 주체가 우리이기 때문이다.

주

1 이 문제를 연구한 프로젝트는 연구 결과를 '시민 백서'로 발간했
   다. F. Schurmann, P. D. Scott, R. Zelnik, *The Politics of Escalation
   in Vietnam*, New York: Fawcett World Library and Beacon Press,
   1966. 전쟁이 확대되기 직전인 1965년 2월, 외교적 해결을 위해
   유엔이 세운 계획을 미국이 거부했다는 사실을 뒷받침하는 증
   거는 다음 자료를 참고하라. Mario Rossi, "The US Rebuff to U
   Thant," *New York Review of Books*, 1996년 11월 17일. 남베트남민
   족해방전선NLF이 연립정부를 세우고 남베트남을 중립화하려던
   시도를 미국과 남베트남 정부가 거부했다는 증거는 다음을 참고
   하라. Douglas Pike, *Viet Cong: The Organization and Techniques of the
   National Liberation Front of South Vietnam*, Cambridge, M.I.T. Press,
   1966. 후자와 같은 유형의 자료를 읽을 때는 지은이가 제시하는
   증거와 주장하는 '결론'을 특히 주의해서 구별해야 한다. 그 이유
   는 뒤에서 간략히 설명하겠다(미주 22 참고).

   미국은 남베트남을 정복하고 입맛에 맞는 정부를 세울 권리가
   있다고 주장하는 사람들이 《The Politics of Escalation in Vietnam
   베트남에서 확전의 정치학》이 처음 출간됐을 때 다소 삐딱한 반
   응을 보인 것은 흥미롭다. 예를 들어 정치학자 로버트 스칼라피
   노Robert Scalapino는 이 책의 논지가 은연중에 미국의 지도자들을
   "악마 같은" 사람으로 보이게 한다고 주장한다(《뉴욕타임스매거진
   The New York Times Magazine》, 1966년 12월 11일). 그는 생각이 올바른
   사람은 미국의 지도자를 악마로 여기지 않기 때문에 이 책의 논
   지는 받아들일 수 없으며, 반대로 그 논지가 옳다고 추정하는 것

은 "무책임함"을 드러내는 일이라 말한다(여기서 그는 '책임'이라는 말을 본 글의 제목을 반어적으로 뒤트는 독특한 의미로 사용한다). 이어 스칼라피노는 이 책의 논리에 중요한 약점이 있다고 지적한다. 미국이 진지하게 외교적 해결을 시도하면 적은 이를 미국이 약하다는 신호로 여길 수 있음을 깨닫지 못했다는 것이다.

2 다른 글에서 슐레진저는 학자로서 감탄할 만한 조심성을 보여주기도 한다. 예를 들어 그는 《The Politics of Escalation in Vietnam》에 붙인 서문에서 북베트남 정부가 "협상에 일말의 관심"은 있었으리라 인정한다. 미국 정부가 협상을 두고 거짓말하고 잠정적인 협상 시도를 거듭 차단한 일에 관해서는, 지은이들이 군사적 필요성을 과소평가했을지 모르며 미래의 역사가들은 그들이 틀렸음을 입증할 가능성도 있다고 논평할 뿐이다. 슐레진저가 이 글에서 보인 조심스럽고 객관적인 태도는 1966년 10월 20일 《뉴욕리뷰오브북스The New York Review of Books》에 기고한 글에서 냉전의 기원을 새롭게 분석한 연구에 보인 태도와 비교해야 한다. 이 글에서 슐레진저는 공산주의 세력의 호전성 외에 다른 요인이 냉전을 촉발했을 가능성을 검토하는 수정주의적 해석에 "경고를 보내야" 할 때라고 말했다. 요컨대 그는 냉전의 기원은 비교적 단순한 문제이며 논란의 여지가 없을 만큼 분명하지만, 미국이 베트남에서 협상을 통한 해결을 피하는 이유는 훨씬 복잡한 문제이며 후대 역사가들이 판단하도록 맡겨야 한다고 보는 것이다.

하지만 미국 정부가 때로는 협상을 통한 해결을 고려하지 않는 이유를 노골적으로 밝혔다는 사실을 명심할 필요가 있다. 정부 관계자들이 대놓고 인정하듯, 미국 정부가 진지하게 협상에 임하면 베트남의 상황을 통제할 힘을 잃는다는 것이 그 이유다.

3 Arthur M. Schlesinger Jr., *A Thousand Days: John F. Kennedy in the*

White House, Boston and New York: Houghton Mifflin Company, 1965, p. 421.

4 *View from the Seventh Floor*, New York: Harper and Row, 1964, p. 149. 이 밖에도 다음 자료와 인용한 구절을 참고하라. *The United States in the World Arena*, New York: Harper and Row, 1960, p. 244. "스탈린은 전후 세계의 혼란과 취약성을 이용해 유라시아에서 힘의 균형을 이루고자 2차 세계대전 동안 넓힌 기반을 바탕으로 압박에 나섰고, (…) 동양으로 눈을 돌려 마오쩌둥을 지원하고 북한과 인도차이나반도의 공산주의 세력을 부추겼다."

5 예를 들어 CIA 분석가 조지 카버George Carver가 《포린어페어스》 1966년 4월호에 기고한 글을 보라. 미주 22도 참고하라.

6 다음 자료를 참고하라. Jean Lacouture, *Vietnam: Between Two Truces*, New York: Random House, 1966, p. 21. 당시 서구의 관찰자들은 남베트남의 상황을 응오딘지엠과 비슷하게 분석했다. 일례로 미국의 외교 분야 싱크 탱크인 외교협회의 극동 전문가 겸 이사 윌리엄 헨더슨이 남긴 논평을 참고하라. Richard W. Lindholm, ed., *Vietnam: The First Five Years*, East Lansing: Michigan State, 1959. 헨더슨은 "지식계급의 소외 심화" "남베트남에서 무장 반란 재개" "지난 2년간 눈에 띄게 나빠진 안보"를 모두 응오딘지엠의 "가혹한 독재"가 가져온 결과로 보고, "자유베트남의 정치적 기류가 서서히 나빠지다 예기치 못한 재앙에 이를 것"이라 전망했다.

7 Bernard Fall, "Vietnam in the Balance", *Foreign Affairs*, October 1966.

8 스탈린은 그리스 공산당 내 티토주의* 성향이나 티토의 주도로 발칸연방이 만들어질 가능성을 달갑게 여기지 않았다. 하지만 문서로 남은 확실한 증거를 찾기 어려워도, 스탈린이 그리스 게

릴라의 반란을 어느 정도 지원했으리라 생각할 수 있다. 물론 미국과 영국이 1944년 말부터 그리스 내전에서 어떤 역할을 했는지는 상세한 연구로 입증할 필요가 없을 만큼 분명하다. 이 사건을 강경한 반공산주의적 관점에서 진지하게 분석한 연구는 다음 자료를 참고하라. Dimitrios G. Kousoulas, *The Price of Freedom: Greece in World Affairs, 1939-1953*, Syracuse: Syracuse University Press, 1953; *Revolution and Defeat: The Story of the Greek Communist Party*, London and New York: Oxford University Press, 1965.

9 자세한 설명은 다음 자료를 참고하라. James Warburg, *Germany: Key to Peace*, Cambridge, MA: Harvard University Press, 1953, p. 189f. 바르부르크의 결론에 따르면, "소련은 독일 전체에 서구적 의미의 민주주의가 들어서는 것을 받아들일 준비"가 되어 있던 반면에 서방의 강대국들은 "독일이 '순수하게 방어적인 유럽 공동체(즉 북대서양조약기구NATO)에 참여하도록 보장한다'는 계획을 숨기지 않았다".

10 *United States and the World Arena*, pp. 344~345. 참고로 소련이 동독과 헝가리의 혁명을 잔인하게 탄압한다고 개탄하는 것은 정당한 반응이지만, 미국이 중부 유럽을 중립화하자는 제안을 진지하게 고려했다면 이처럼 추악한 사건을 피할 수 있었으리라는 점 역시 기억할 필요가 있다. 소련 주재 미국 대사를 지낸 조지 케넌George Kennan은 최근에 쓴 글에서 이 문제에 흥미로운 논

---

* 유고슬라비아사회주의연방공화국의 전 대통령 요시프 브로즈 티토Josip Broz Tito가 견지한 노선. 비동맹 · 중립주의, 노동자들이 기업을 경영 · 관리하는 '자주 관리제'가 주요 특징이다.

평을 남겼다. 예를 들어 케넌은 소련이 서유럽을 힘으로 공격하거나 접주려는 의도가 있었고, 미국이 그 의도를 저지했다는 가정은 애초에 틀렸다고 언급했다. 소련이 동독에서 단독으로 철수하는 동시에 "통일 독일을 핵무기 중심의 서방 방어 체계에 주요 일원으로 편입"하겠다는 요구는 무익하고 불합리한 일이라고도 했다(Edward Reed, ed., *Pacem in Terris: An International Convocation on the Requirements of Peace*, New York: Pocket Books, 1965).

로스토가 그랬듯 국무부 관료들이 역사를 태연하게 왜곡하는 일이 흔해졌다는 점은 눈여겨볼 만하다. 일례로 국무부의 서반구 담당 차관보 토머스 만Thomas Mann은 미국이 도미니카공화국에 개입한 일을 "중소 군사 블록"의 행동에 맞선 대응으로 정당화했다. 더 깊이 생각해서 나온 발언을 예로 들면, 윌리엄 번디 William Bundy는 1966년 2월 12일 포모나대학Pomona College에서 공산주의 이데올로기의 발전 단계를 분석하며 소련이 1920년대와 1930년대 초 "매우 전투적이고 공격적인 단계"에 있었다고 설명했다. 이런 왜곡이 무서운 이유는 노골적인 거짓말과 달리 발언하는 사람이 진심으로 그것을 믿고 정책의 기반으로 삼을 수 있기 때문이다.

11 *United States Policy Toward Asia*, Hearings before the subcommittee on the Far East and the Pacific of the Committee on Foreign Affairs(외교위원회 극동·태평양소위원회 청문회), House of Representatives, U.S. Government Printing Office, 1966.

12 *New York Times Book Review*, 1966년 11월 20일. 이 같은 논평을 보면 케네디 대통령이 영국령 기아나의 수상을 지낸 체디 자간 Cheddi Jagan에게 한 조언이 떠오른다. 놀랍게도 케네디는 교역 관계가 "한 나라를 경제적 종속 상태에 빠뜨릴" 위험이 있다고 조언했다. 물론 여기서 말하는 위험이란 소련과 교역 관계를 맺을 때

벌어지는 위험이다. *A Thousand Days*, p. 776을 참조하라.

13 *A Thousand Days*, p. 252.

14 이 또한 정확한 평가는 아니다. 케네디의 '현실주의적' 판단에 깔린 자기중심적 태도를 온전히 이해하려면 트루히요 정권의 성격이 실제로 어땠는지 떠올려야 한다.

15 W. W. Rostow and R. W. Hatch, *An American Policy in Asia*, Cambridge, MA, and New York: Technology Press and John Wiley, 1955.

16 물론 미국의 민간 기업들은 인도의 문제를 나름의 방식으로 해결하고자 했다. 〈크리스천사이어스모니터〉의 보도에 따르면, 미국의 기업가들은 "인도가 자신들의 요구 사항을 일부 충족할 능력이 있음을 입증했는데도 장비와 기계를 전부 수입해야 한다"고 주장했으며, "구하기 쉬운 인도산 나프타를 쓰지 말고 기초 원자재인 액체 암모니아를 수입하도록 요구하는 한편, 가격과 유통, 수익, 경영 관리 등을 제한하는 규정을 만들었다".

　이에 따라 인도에서는 2차 세계대전 이후 엄청나게 부당한 일이 벌어지고 있다. 미국은 경제력을 동원해 인도가 "사회주의에서 실용주의로 점진적 전환"(〈뉴욕타임스〉, 1965년 4월 28일)을 하도록 압박하며, 자신의 이익을 위해 인도의 고통을 이용하고 있다.

17 그러나 로 교수의 제안을 정당하게 평가하려면, 나치의 동부 영토를 관리한 알프레트 로젠베르크Alfred Rosenberg가 격한 감정을 드러냈을 때조차 슬라브인 3000만 명을 제거해야 한다고 했지, 4분의 1에 이르는 인류가 굶어 죽도록 대기근을 일으켜야 한다고 말한 적은 없다는 사실을 기억해야 한다. 참고로 여기서 든 비유는 최근 미국의 지식인과 전문가가 말하는 '책임'의 기준에서 보면 아주 '무책임'하다. 이 비유는 미국인의 말과 행동을 다른 나라 사람의 말과 행동을 볼 때와 같은 잣대로 해석해야 한다고

18 〈뉴욕타임스〉, 1966년 2월 6일. 그러면서 골드버그는 남베트남 인구의 0.5퍼센트가 모두 자발적으로 베트콩을 지지하는지는 미국 정부도 확신하지 못한다고 말한다. 이처럼 베트콩의 표리부동을 보이려다 앞뒤가 맞지 않는 주장을 한 사례는 한둘이 아니다. 또 다른 예로 1962년 미국 정부 소식통에 따르면, 베트콩의 게릴라 1만 5000명 가운데 사상자 3만 명이 나왔다. *A Thousand Days*, p. 982를 참조하라.

19 이 글은 다음 에세이집으로 재판됐다. *The End of Ideology: on the Exhaustion of Political Ideas in the Fifties*, Glencore, IL: Free Press, 1960. 이 자리에서 지난 10여 년간 '이데올로기의 종언'을 둘러싸고 제기된 쟁점을 전부 다룰 생각은 없다. 이 글에서 제시하는 논제 중에는 합리적인 사람이라면 반박하기 어려운 것이 많다. 특정한 역사적 순간에는 "시민적 예의를 갖춘 정치"가 알맞고 심지어 효과적일 수 있다는 주장, 행동(혹은 무행동)을 지지하는 사람은 그에 따른 사회적 비용을 평가할 책임이 있다는 주장, 독단적 광신이나 '세속 종교'와 맞서 싸워야 한다(혹은 될 수 있으면 무시해야 한다)는 주장, 가능하면 기술적 방안을 활용해 문제를 해결해야 한다는 주장, "사상이 되살아나려면 이데올로기적 독단주의가 사라져야 한다"(레몽 아롱Raymond Aron)는 주장 등이 그 예다. 이런 견해는 때로 '반마르크스주의적' 입장을 드러내는 것으로 받아들여지므로, 로자 룩셈부르크Rosa Luxemburg와 안톤 판네쿡Anton Pannekoek, 카를 코르시Karl Korsch, 아르투어 로젠베르크 Arthur Rosenberg 등으로 대변되는 비非볼셰비키 마르크스주의와 관련이 없다는 점을 명심할 필요가 있다.

20 이런 '기술'이 얼마나 가치중립적인가 하는 문제는 그 기술을 적용하는 사람들이 어디에 관심이 있는지 분명하기에 그리 중요하

지 않다. 이들의 연구는 미 국방부나 대기업이 제기하는 문제지, 이를테면 브라질 북동부의 혁명가들이나 학생비폭력조정위원회 Student Nonviolent Coordinating Committee, SNCC*가 제기하는 문제에 관한 것이 아니다. 예를 들어 무기도 제대로 갖추지 못한 게릴라들이 무자비하고 파괴적인 군사기술에 얼마나 더 효과적으로 저항할 수 있을지 연구하는 프로젝트가 있다는 이야기는 들어본 적이 없다(이런 문제는 이제는 한물간 지 오래인 자유 부동하는 지식인이라면 관심을 보였을 것이다).

21 미국에서 '중국의 팽창'을 두고 끊임없이 선전 공세를 퍼붓는 것을 보면 이 문제에 한 마디 덧붙일 필요가 있을 듯하다. 중국의 팽창을 경고하는 전형적인 선전의 예는 애들레이 스티븐슨Adlai Stevenson이 세상을 떠나기 직전에 남긴 평가에서 찾을 수 있다(1966년 3월 13일에 발행한 《뉴욕타임스매거진》을 참고하라). "새로운 공산주의 '왕조'는 지금까지 매우 공격적이었다. 티베트를 집어삼켰고, 인도를 공격했으며, 더 평화적인 방식으로 영국에서 '민족 해방'을 쟁취한 말레이시아는 '민족해방군'**에 맞서 12년을 싸워야 했다. 현재는 태국 북부에서도 일찌감치 잠입·침략 조직이 활동을 벌이고 있다."

스티븐슨은 말레이시아 문제를 언급하며 중국계 민족과 중국 정부를 혼동하는 듯하다. 실제로 벌어진 사건에 관심이 있는 사

* 1960년대 미국의 민권운동에 참여한 주요 학생 단체.

** 말레이시아 공산당의 무장 단체 말라야민족해방군을 가리킨다. 중국계 말레이시아인이 중심이 된 이 단체는 1948년부터 1960년까지 영국을 상대로 독립운동을 벌였다.

람이라면 "중국 공산 정권은 베이징방송을 통해 상투적인 비난을 내보낸 것 외에는 말레이반도에 흥미를 보이지 않고 있다"는 해리 밀러Harry Miller의 말에 동의할 것이다(*The Communist Menace in Malaya*, New York: Praeger, 1954). 한편 1954년 중국-인도 협정에 따라 '중국의 티베트 지역'으로 불리는 곳에서 중국이 벌이는 행동은 여러모로 강하게 비판할 수 있다. 하지만 이는 팽창주의적 성향을 드러내는 증거라기보다 인도 정부가 자국의 소수민족인 나가족과 미조족을 상대로 보이는 행동에 가깝다. 또 태국 북부에서는 '잠입 조직' 같은 것이 활동하고 있겠지만, 그 조직이 중국과 관계가 있다고 가정할 근거는 거의 없다. 오히려 이런 조직의 존재는 미국이 태국을 베트남 공격의 전초기지로 이용한다는 사실과 무관하지 않을 것이다. 이 같은 언급은 순전히 위선이다.

스티븐슨이 말하는 중국의 '인도 공격'은 중국이 티베트와 신장 지역을 잇는 도로를 완공하고 몇 년 뒤에 벌어진 국경분쟁에서 비롯됐다. 중국은 인도의 통제력이 미치지 않는 지역에 도로를 만들었고, 인도인들은 중국의 언론 보도를 보고서야 이 사실을 알았다. 그런가 하면 미 공군의 지도는 분쟁 지역을 중국의 영토로 표시한다. 이 문제에 관해서는 다음 자료를 참고하라. Alastair Lamb, *China Quarterly*, July-September, 1965. 중국-인도 국경분쟁의 권위자로 알려진 램은 "중국이 인구가 넘쳐나는 인도 땅을 통제로 집어삼키기 위해 마스터플랜 같은 것을 만들었다고 보기는 어렵다"고 말한다. 오히려 램은 인도가 신장과 티베트를 잇는 도로가 지나는 지역을 자국의 영토로 주장할 수 있다는 점을 중국이 미처 몰랐을 공산이 크다고 본다. 중국군은 승리한 뒤 대부분 지역에서 맥마흔라인 너머로 철수했다. 맥마흔라인은 1914년 영국이 주도해 설정한 중국-인도의 국경선이지만, 중국(국민당 정부와 공산당 정부 모두)과 미국을 비롯한 다른 나라는 이를 인정하지 않았다. 책임 있는 위치에 있는 사람들이 이 모든 문제를 중국의 팽창주의 탓으로 돌린다는 것은 놀라운 일이다. 미국이 중국 주변에 미사일을 배치하고 동남아시아에 대규모 병력을 파견해 군사기지망을 확대하는 상황에서 중국이 공격적인지 아닌지 논의하는 자체가 적절하지 않다. 언젠가는 힘을 키운 중국이 팽창주의 국가가 되리라 상상하기는 어렵지 않다. 원한다면 그런 가능성을 생각해볼 수 있지만, 지금 정치의 중심에 있는 문제는 미국의 공격성이다.

22 Douglas Pike, *op. cit.*, p. 110. 매사추세츠공과대학교 국제문제연구소 소속 외무관이 쓴 이 책은 두 가지 입장을 대비한다. 하나는 "열악한 생활수준이나 억압적이고 부패한 정부 탓에 전 세계에서 흔히 일어나는 (…) 혁명적 소요"에 공감하는 보통 사람의 입장이다. 다른 하나는 "민중을 위하는 척하면서 민중의 열망을 거스르고, 개인이 조종을 받아들이도록 설득함으로써 개인을 조종하는" "혁명 게릴라전" 지지자의 입장이다. 파이크는 혁명 게릴라전을 "수입품이자 외부에서 비롯된 혁명"으로 간주한다(그는 베트콩 외에도 "스탈린이 주장한 무장 혁명의 수출", 팔레스타인의 하가나,* 아일랜드공화국군IRA 등을 예로 든다. 32~33쪽을 참고하라). 그의 주장에 따르면, 베트콩은 남베트남에서 자생적으로 나온 운동일 리가 없다. 베트콩이 내세운 "사회 건설 프로그램의 범위와 야심을 보면 북베트남에서 만들었다고 볼 수밖에 없기 때문"이다(76쪽. 하지만 77~79쪽에서는 북베트남의 베트남 노동당이 "조직 구축을 시작하려는" 결정을 내리기 전에도 여러 해 동안 남베트남에서 "집중적이고 체계적

---

* 팔레스타인에서 활동한 유대인의 지하 민병 조직.

인 조직 활동"이 진행되고 있었다고 말한다). 지은이는 80쪽에서 "그런 노력은 북베트남의 작품일 수밖에 없다"고 말하면서도, "응오딘지엠 정부에 처음으로 적극 반대하고 나선 주요 사회집단"(222쪽)인 까오다이교의 두드러진 역할(74쪽)과 "초창기 NLF에 참여한 주요 집단"(69쪽)인 호아하오교를 언급한다. 또 그는 베트남 노동당이 남베트남에서 "정치적이라기보다 철학적으로 충실한" "마르크스-레닌주의자"를 자처하는 반면에, 북베트남에서는 "전 세계 공산주의 운동의 주류에 속한" "마르크스-레닌주의 조직"(150쪽)을 표방하는 것을 공산주의자들이 표리부동하는 근거로 본다. 흥미로운 구절은 이 밖에도 많다. 지은이는 경멸에 찬 어조로 "연대, 조합, 화합이라는 비밀스러운 주문을 외면 어른들의 세계에도 마법 같은 일이 벌어지리라 믿는 신데렐라 같은 바보들"을 비난하는 한편, "잘못된 길로 쉽게 속아 넘어가는 사람들"이 "시골을 아수라장으로 만들고, 남베트남 정부를 차례로 무너뜨리고, 미국인을 혼란스럽게 한다"고 지적한다. 또 지은이는 "결국 온순한 사람들이 세상을 다스리고 (…) 부를 손에 쥐며 모든 일이 정의와 미덕에 따라 이뤄질 것"이라 믿는 생각 없이 순진한 대중이 "막강한 힘"을 휘두른다며 개탄한다. 식견이 높은 서양의 정치학자가 이처럼 "안타깝고 충격적인 광경"을 보고 느꼈을 원통함이 생생히 드러나는 대목이다.

23 Jean Lacouture, *op. cit.*, p. 188. 이 대변인은 미국이 아시아와 아프리카, 라틴아메리카 전역에서 같은 문제에 직면했으며, "적절한 대응책"을 찾아야 한다는 불길한 말을 한다.

24 William Bundy, in Alastair Buchan, ed., *China and the Peace of Asia*, New York: Praeger, 1965.

25 Richard Lindholm, *op. cit.*

* 2011년 9월 1일 《보스턴리뷰Boston Review》에 처음 발표됐고, 《Who Rules the World?누가 세상을 지배하는가》 ⓒ 2016 by L. Valéria Galvão-Wasserman-Chomsky에서 가져왔다. Metropolitan Books / Henry Holt and Company와 협약에 의해 사용했다.

지식인의 책임

후편

: 국가를 견제하기 위한
특권의 사용

The Responsibility of Intellectuals, Redux:

Using Privilege to Challenge the State*

2

우리는 당장 눈앞에서 벌어지는 일조차 보지 못할 때가 많기에 조금 떨어진 곳에서 일어나는 일을 까맣게 모른다 해도 그리 놀랍지 않다. 우리는 얼마 전 이와 관련해 많은 것을 시사하는 사례를 목격했다. 2011년 5월 1일, 오바마 대통령은 특공대원 79명을 파키스탄으로 파견해 9·11 테러의 주요 용의자 오사마 빈 라덴을 암살하는 작전을 지시했다. 작전의 표적 빈 라덴은 무기가 없고 아무런 보호도 받지 않았기에 쉽게 생포할 수 있었지만, 미군은 그를 살해한 뒤 시신을 부검하지 않고 바다에 던져버렸다. 진보 언론조차 이를 "정당하고 불가피한" 조치로 간주했다. 나치 전범들도 재판을 받았지만, 빈 라덴이 재판받을 기회는 영영 사라졌다. 국외 사법기관들은 작전에 동의하면서도 그 절차에 반대해 이 사실을 간과하지 않았다. 영문학자 일레인 스캐리Elaine Scarry가 강조한 대로 국제법에서 암살을 금지한 배경은 에이브러햄 링컨이 암살을 맹렬히 비난한 1863년까지 거슬러 올라간다. 당시 링컨은 암살 요구를 두고 "국제적 무법 행위"이자 "문명국가"에 "공포"를 심어주며 "가장 준엄한 보복"을 받아 마땅한 "폭거"라고 규탄했다.

나는 1967년 미국의 베트남 침략을 둘러싼 기만과 왜곡에 관해 글을 쓰면서 2차 세계대전 후 드와이트 맥도널드가 남긴 중요한 에세이의 표현을 빌려 "지식인의 책임"을 논한 적이 있다. 9·11 테러가 벌어진 지 10년이 지났고 많은 미국인이 그 사건의 주요 용의자를 암살한 일에 동의하는 지금, 이 문제를 다시 들여다보기에 적절한 때인 듯싶다. 하지만 지식인의 책임을 논하기 전에 지식인이란 어떤 사람을 가리키는지 명확히 할 필요가 있다.

현대적 의미의 지식인 개념은 1898년 드레퓌스파가 발표한 〈지식인의 선언〉*을 계기로 널리 알려졌

---

* 에밀 졸라가 1898년에 〈나는 규탄한다 J'accuse〉라는 공개서한을 신문에 발표했는데, '지식인의 선언 Manifeste des intellectuels'은 이 글의 부제다.

다. 이들은 에밀 졸라가 프랑스 대통령에게 항의한 공개서한에서 용기를 얻어 프랑스군 포병 장교 알프레드 드레퓌스에게 반역 혐의를 뒤집어씌운 사건과 이를 은폐하려 한 군부를 규탄하고 나섰다. 드레퓌스파가 보인 자세는 정의의 수호자로서 용기와 정직성으로 권력에 맞서는 지식인의 이미지를 담고 있다. 그러나 당시 사람들은 대부분 그렇게 생각하지 않았다. 사회학자 스티븐 룩스Steven Lukes에 따르면, 드레퓌스파는 프랑스 지식층의 소수에 불과했으며 지성계의 주류, 특히 "강경한 반드레퓌스파인 아카데미프랑세즈의 종신회원" 중 저명한 인물들은 드레퓌스파를 거세게 비난했다. 반드레퓌스파를 이끈 소설가이자 정치인 모리스 바레스Maurice Barrès는 드레퓌스파를 "강단講壇의 무정부주의자"로 봤다. 아카데미프랑세즈의 종신회원 페르디낭 브륀티에르는 드레퓌스파가 "지식인"이라는 말을 내세우며 "우리 시대에 가장 터무니없는 기행"을 저질렀다고 비판했다. 그들이 "프랑스의 장군들을 멍청이로 보고, 사회제도와 전통을 불합리하고 불건전한 것으로 취급하는 작가와 과학자, 교수, 문헌학자를 대단한 사람이라도 되는 양

치켜세웠다"는 이유에서다.

그렇다면 여기서 지식인은 누구인가? 신문에 공개 서한을 발표한 것 때문에 명예훼손으로 감옥형을 선고받고 망명한 졸라에게서 용기를 얻은 소수일까, 아니면 아카데미프랑세즈의 종신회원들일까? 이 질문은 여러 시대를 거치며 이런저런 형태로 되풀이돼왔으며, 오늘날 '지식인의 책임'을 규정할 틀을 제공한다. 지식인의 책임이라는 말은 모호하다. 자유와 정의, 자비, 평화, 그 밖에 정서적으로 중요한 대의를 위해 자신의 지위와 특권을 활용할 위치에 있는 지식인이 선량한 인간으로서 지는 도덕적 책임을 말하는가, 아니면 주류 사회가 지식인에게 기대하는 역할, 즉 지도자와 종전의 제도를 폄훼하는 것이 아니라 지지하는 역할을 말하는가?

◆ ◆ ◆

1차 세계대전 중 각자의 조국을 열렬히 지지하고 나선 저명한 지식인들은 이 물음에 한 가지 답을 내놨다.

세계에서 가장 계몽된 나라인 독일의 주요 지식인들은 〈93인의 성명서Manifest der 93〉*를 내고 서구 세계에 다음과 같이 선언했다. "우리를 믿어라! 우리는 괴테와 베토벤, 칸트 같은 인물의 유산을 단란한 가정만큼 신성하게 여기는 문명국으로서 이 전쟁을 끝까지 수행할 것이다." 지식인들의 전쟁에서 반대편에 있던 미국의 지식인들은 숭고한 대의를 열렬히 지지한다는 점에서 다르지 않았지만, 자화자찬으로는 상대를 능가했다. 이들은 시사 주간지 《뉴리퍼블릭The New Republic》에 기고한 글에서 이렇게 선언했다. "모든 측면을 폭넓게 고려할 때 '지식인'이라 불러 마땅한 계층이 (…) 전쟁을 위해 효과적이고 결정적인 일을 완수했다." 이 진보주의자들은 미국이 "사회의 사려 깊은 구성원들이 심사숙고 끝에 내린 도덕적 판단에 영향을 받아" 참전을 결정했으며, 자신들이 이 과정을 이끌었다고 자부했다. 하지만 이들은 "대다수

---

* 1차 세계대전 초기인 1914년 10월 23일, 독일 유수의 과학자와 예술가, 철학자, 작가 등이 독일제국의 군사행동에 명백히 찬성한다는 뜻을 밝힌 성명서.

세계인의 생각"을 은밀히 조종하려 한 영국 정보부의 책략에 놀아난 것이나 다름없다. 영국 정보부는 미국의 진보적 지식인들이 평화주의를 내세운 미국에서 전쟁의 열기가 고조되도록 도움을 줄 수 있으리라 보고, 이들의 생각을 바꾸려 했다.

당시 존 듀이John Dewey는 전쟁이 주는 커다란 "심리적·교육적 교훈"에 깊은 인상을 받았다. 그는 인간이, 더 정확히는 "공동체의 지성인"이 "인간사를 장악하고 계획에 따라 지능적으로 관리해" 원하는 목표를 이룰 수 있다는 사실이 전쟁으로 입증됐으며, 이는 그 자체로 감탄할 만한 일이라고 봤다.

물론 모두가 이런 노선을 순순히 따른 것은 아니다. 버트런드 러셀Bertrand Russell, 유진 데브스Eugene Debs, 로자 룩셈부르크Rosa Luxemburg, 카를 리프크네히트Karl Liebknecht 같은 유명 인사는 졸라처럼 감옥형이 선고됐다. 데브스는 특히 가혹한 벌을 받았는데, 그에게는 우드로 윌슨 대통령이 말한 "민주주의와 인권을 위한 전쟁"에 의문을 제기했다는 이유로 10년 형이 선고됐다. 윌슨은 전쟁이 끝난 뒤에도 그를 사면하지 않았고, 데브스는 다음 대통령인 워런 하딩이 집권하고 나서야 풀려났다. 소스타인 베블런Thorstein Veblen을 비롯한 몇몇 인물은 그나마 덜 가혹한 대접을 받았다. 베블런은 윌슨이 잔인한 노동 탄압, 구체적으로 미국의 노조인 세계산업노동자연맹 탄압을 멈추면 농장의 노동력이 부족한 문제를 해결할 수 있다는 내용의 보고서를 썼다가 식품의약국에서 해고됐다. 랜돌프 본Randolph Bourne은 "관대한 제국주의 국가들이 만든 연맹"과 그들의 고상한 시도를 비판하는 글을 썼다가 여러 진보 언론에서 배제당했다.

이는 역사에서 흔히 볼 수 있는 상벌의 패턴이다. 국가에 봉사하려고 줄을 서는 사람들은 대개 지식인 공동체 전반에서 칭찬을 받으며, 그렇게 하기를 거부하는 사람들은 벌을 받는다. 돌이켜 보면 윌슨과 그에게 봉사한 진보적 지식인들은 큰 명예를 얻었지만, 데브스는 그러지 못했다. 로자 룩셈부르크와 카를 리프크네히트는 살해당했고, 주류 지식인 사이에서 영웅으로 꼽히는 일이 거의 없었다. 버트런드 러셀은 세상을 떠날 때까지 거센 비난을 받았으며, 최근에 나오는 전기에서도 여전히 욕을 먹는다.

1970년대에 저명한 학자들은 지식인의 두 범주를

더 명확히 구별했다. 1975년에 출간된 《The Crisis of Democracy민주주의의 위기》*는 브륀티에르가 터무니없는 괴짜로 묘사한 지식인 유형을 "가치 지향적 지식인"으로 분류했다. 연구자들에 따르면, 가치 지향적 지식인은 "민주 정부에 과거의 귀족 계층, 파시스트 운동, 공산당만큼이나 심각한 위협"을 가한다. 무엇보다 이 위험 분자들은 "지도자를 깎아내리고 권위에 도전하는 데 전념"하며, "젊은 세대를 교화"할 책임이 있는 제도에 이의를 제기한다. 이중에는 랜돌프 본이 그랬듯 전쟁의 숭고한 목적을 의심할 만큼 타락한 자도 있다. 이처럼 권위와 종전 질서에 의문을 제기하는 악인을 비판하고 나선 것은 자유주의적 국제주의를 표방하는 삼극위원회Trilateral Commission** 학자들이다.

---

* 프랑스의 미셸 크로지에Michel Crozier, 미국의 새뮤얼 헌팅턴Samuel Huntington, 일본의 조지 와타누키Joji Watanuki가 삼극위원회를 위해 쓴 보고서.

** 사업가 데이비드 록펠러와 카터 행정부의 국가 안보 보좌관 즈비그뉴 브레진스키Zbigniew Kazimierz Brzezinski가 만든 비정부 회의체. 삼극(미국, 유럽, 일본)의 엘리트가 협력해 자본주의 경제체제를 유지한다는 목표를 내세웠다.

이들은 주로 카터 행정부에서 관료로 진출했다.

1차 세계대전 당시《뉴리퍼블릭》에 글을 쓴 진보주의자와 마찬가지로《The Crisis of Democracy》의 지은이들은 '지식인' 개념을 확장한다. 이들은 브륀티에르가 말한 터무니없는 괴짜보다 훌륭한 부류를 지식인에 포함한다. 바로 "기술 관료적·정책 지향적 지식인"이다. 이 유형에 속하는 지식인은 책임감과 진중한 사고방식을 갖췄고, 종전 제도 안에서 정책을 만드는 건설적인 일에 헌신하며 젊은 세대가 올바른 방향으로 교화되도록 이끈다.

존 듀이는 1차 세계대전 당시만 해도 책임감 있는 기술 관료적·정책 지향적 지식인이었으나, 이후 몇 년 사이에 강단의 무정부주의자로 돌아섰다. 듀이는 "자유 없는 언론"을 비난했고, "종전 경제체제에서 진정한 지적 자유와 사회적 책임을 어느 정도 수준까지 실현할 수 있을지" 의문을 표했다.

삼극위원회 학자들을 특히 괴롭힌 문제는 1960년대 혼란기에 나타난 '민주주의의 과잉'이다. 당시에는 평소 수동적이고 정치에 무관심하던 사람들까지 정치의 장에 뛰어들어 자신의 관심사를 피력했다. 이들의 관심사는 소수집단, 여성, 청년, 노년, 노동계급 등 모든 민중의 문제를 포함했고, 여기에는 때로 '특수 이익'이라는 딱지가 붙었다. 이들은 애덤 스미스가 "인류의 주인"이라 부른 계층과 구별해야 한다. 인류의 주인이란, 정부 정책의 "주 설계자"로 "모든 것은 우리 몫이며, 타인에게 남겨줄 것은 하나도 없다"는 "악독한 원칙"을 추구하는 사람들을 말한다. 하지만 삼극위원회에서는 인류의 주인이 정치의 장에서 맡은 역할을 비판하거나 논의하지 않는다. "사회의 사려 깊은 구성원들이 심사숙고 끝에 내린 도덕적 판단"에 따라 나라를 전쟁으로 이끌었다고 자화자찬한 지식인들처럼 인류의 주인은 '국익'을 대변한다고 간주하기 때문이다.

삼극위원회 회원들은 특수 이익을 내세우는 사람들이 국가에 과도한 부담을 안기며, 이를 해결하려면 "절제된 민주주의"가 필요하다고 역설했다. 이는 곧 자격이 부족한 사람들은 종전의 수동적인 역할에 만족하고, 나아가 "해리 트루먼이 월가에 있는 소수 변호사와 은행가의 협력만으로 미국을 통치"하고, 그 결과 민주주의가 융성하던 호시절로 돌아가자는 뜻이다.

삼극위원회 학자들을
특히 괴롭힌 문제는
1960년대 혼란기에 나타난
'민주주의의 과잉'이다.

삼극위원회 회원들은 이런 주장이 헌법의 본래 의도에 부합한다고 생각했을 수도 있다. 역사학자 고든 우드Gordon Wood가 정확히 꼬집었듯, 미국 헌법은 "본디 귀족적인 문서"이며, "더 나은 부류" 사람들에게 권력을 주고 "부유하거나 집안이 좋거나 정치적으로 유력하지 않은 사람들"을 배제해 "당대의 민주적 경향을 견제하는 방향으로 설계"됐다. 그러나 헌법 제정을 주도한 제임스 매디슨James Madison*을 변호하자면, 우리는 그가 자본주의사회 이전의 사고방식을 가지고 있었다는 점을 고려해야 한다. 매디슨은 권력을 "국가의 부富", 즉 "더 능력 있는 집단"의 손에 맡겨야 한다고 규정하면서 자신이 상상한 고대 로마 세계의 "계몽된 정치가"와 "어진 철학자"들을 모델로 삼았다. 그가 생각한 능력 있는 집단은 "순수하고 숭고"하며, "지성과 애국심, 재산, 충분한 물질적 여유"가 있고, "조국에 진정으로 이익이 되는 일을 누구보다 잘 알아볼 만큼 지혜롭고, 순간적인 판단이나 편협한 생

---

* 미국 헌법을 기초하고, 나라의 기틀을 다진 미국 4대 대통령 (1809~1817년 재임).

각으로 조국의 이익에 해를 끼치지 않을 만큼 애국심과 정의감이 투철한" 사람들이다. 이렇게 많은 능력을 타고난 사람들은 민주주의에서 다수가 저지르는 "횡포"에 맞서 공공의 이익을 지키며 "여론을 정제하고 확장"할 것이다. 비슷한 맥락에서 심리학자이자 교육 이론가 에드워드 손다이크Edward Lee Thorndike는 1939년 윌슨을 지지한 진보적 지식인들이 행동과학의 발견을 보고 위안을 얻었으리라고 말했다.

이웃을 향한 호의를 비롯한 도덕성과 지능 사이에 상당한 상관관계가 있다는 것은 인류에게 크나큰 행운이다. (…) 따라서 우리보다 능력이 뛰어난 사람들은 평균적으로 우리를 도와줄 가능성이 크며, 우리의 이익을 우리 자신보다 그들의 손에 맡기는 편이 대체로 안전하다.

이런 주장은 그것을 확신하는 사람에게 위안을 주지만, 그렇지 않은 사람들은 '인류의 주인'을 논한 애덤 스미스의 시각이 더 예리하다고 생각할 것이다.

　　　　◆　◆　◆

　보통은 권력이 우위에 있기 때문에 정부에 봉사하는 지식인은 책임감 있는 사람으로 평가받고, 가치 지향적 지식인은 해고되거나 손가락질을 당한다. 미국 내에서 그렇다는 말이다.

　반대로 적국의 지식인을 두고 이야기할 때는 지식인을 똑같이 두 범주로 나누면서도 각 부류를 정반대로 평가한다. 예를 들어 미국에서는 소련의 가치 지향적 지식인을 반체제 인사로 높이 평가하면서도 당기관원과 정치 위원, 기술 관료적이고 정책 지향적인 지식인을 철저히 경멸했다. 마찬가지로 현재 미국에서는 이란의 용감한 반체제 인사를 떠받들면서 종교 엘리트를 옹호하는 지식인을 비난한다. 이런 평가는 어느 지역이나 대체로 비슷하다.

　'반체제 인사'라는 명예로운 칭호는 선택적으로 사용된다. 물론 이 말은 미국 내 가치 지향적 지식인이나 미국이 지원하는 해외의 독재 세력과 싸우는 지식인에게는 좋은 뜻으로 쓰이지 않는다. 넬슨 만델라는 이와 관련한 흥미로운 사례다. 그는 2008년에야 미국

보통은

권력이 우위에 있기 때문에

정부에 봉사하는 지식인은

책임감 있는 사람으로 평가받고,

가치 지향적 지식인은

해고되거나 손가락질을 당한다.

정부의 테러리스트 명단에서 빠졌고, 특별 허가 없이 미국을 방문할 수 있게 됐다.

　미 국방부가 20년 전에 낸 보고서는 만델라를 세계에서 "악명 높은 테러리스트 집단"의 우두머리로 묘사했다. 로널드 레이건이 남아공의 아파르트헤이트*를 지지한 이유가 바로 여기에 있다. 레이건은 남아공을 제재하기로 한 의회의 결정을 어기고 남아공과 무역을 늘렸으며, 남아공이 이웃 나라를 침탈하도록 지원했다. 유엔에서 나온 한 연구는 남아공의 침략으로 발생한 사망자가 150만 명에 이를 것이라 추산했다. 레이건 행정부가 벌인 테러와 전쟁은 여기서 그치지 않았다. 레이건은 테러를 "현대의 전염병", 레이건 행정부의 조지 슐츠George Shultz 국무부 장관은 "현대에 되살아난 야만"으로 규정하고 테러에 맞서겠다고 선언했다. 이후 테러와 전쟁이 성과를 거두면서 중앙아메리카에서는 수십만 명이 사망했고, 중동에서는 수만 명이 목숨을 잃었다. 이와 같은 성과를 생각하면 후버연구소 학자들이 위대한 소통가라며 레이건을

---

* 인종에 따라 사회적인 여러 권리를 차별하는 정책과 제도.

열렬히 추앙한 것도 당연해 보인다. 그들은 레이건을 "따뜻하고 다정한 눈으로 우리를 지켜보며 온 나라를 활보하는 듯한 정신"을 지닌 거인이라고 말했다. 최근에는 런던에 있는 미국 대사관에서 주변 경관을 해치는 동상을 세워 레이건의 명예를 다시 한번 드높이기도 했다.

라틴아메리카의 사례를 보면 문제는 더욱 분명해진다. 라틴아메리카에서 자유와 정의를 요구한 사람은 영광스러운 반체제 인사의 전당에 들어가도록 허락되지 않는다. 일례로 엘살바도르에서는 베를린장벽이 무너지고 일주일 뒤, 라틴아메리카의 저명한 지식인으로 꼽히던 예수회 사제 여섯 명이 엘살바도르 군사령부의 명령을 받은 군인들에게 살해당했다. 이전에도 엘살바도르를 피와 공포로 물들인 전력이 있는 미국 정부는 이들이 속한 정예부대에 무장과 훈련을 지원했고, 사제들을 살해한 범인들은 노스캐롤라이나주 포트브래그 기지에 있는 존F.케네디특수전센터학교에서 재훈련하고 엘살바도르로 막 복귀한 참이었다. 하지만 미국에서는 살해당한 엘살바도르의 사제들이나 라틴아메리카 전역에서 비슷한 일을 당한 지식인을 존경할 만한 반체제 인사로 기리지 않는다. 반체제 인사로서 명예를 얻는 것은 어디까지나 적의 영토인 동유럽에서 자유를 외치던 지식인이다. 이들은 분명 큰 고초를 겪었지만, 라틴아메리카에서 똑같이 자유를 부르짖은 사람들이 받은 고통에 비할 정도는 아니었다.

이 같은 차별은 자세히 볼 필요가 있으며, "지식인의 책임"이라는 말의 두 가지 의미와 우리 자신에 관해 많은 것을 말해준다. 존 코츠워스가 최근에 출간한 《The Cambridge History of the Cold War》에서 정확히 지적했듯, 1960년부터 "소련이 붕괴한 1990년까지 라틴아메리카에서 정치범으로 수감되거나 고문을 당하거나 비폭력 반체제운동을 벌이다 처형된 사람 수는 소련과 동유럽의 위성국보다 훨씬 많다". 처형당한 사람 중에는 종교인이 많고, 미국 정부가 지원하거나 주도한 대량학살도 끊이지 않았다.

이런 차별이 일어나는 까닭은 무엇일까? 많은 사람이 동유럽에서 벌어진 일이 미국의 손아귀에 있는 라틴아메리카의 운명보다 훨씬 중대하다고 주장할 것이다. 이렇게 주장하는 사람들이 어떤 식으로 논지를 전개하고, 우리가 기본적인 도덕 원칙마저 무시해야 하는 이유를 뭐라고 설명하는지 살펴보는 것은 흥미로운 일이다. 우리가 무시해야 하는 도덕 원칙에는 고통과 잔혹 행위, 정의와 권리를 진지하게 생각한다면 할 수 있는 최선의 일(보통은 지금 벌어지는 문제를 함께 책임지는 것이 최선이다)에 노력을 기울여야 한다는 원칙도 있다. 그러면서도 우리는 적국 사람들에게 이같은 원칙을 따르라고 아무렇지 않게 요구한다.

우리는 소련의 안드레이 사하로프Andrei Sakharov나 이란의 시린 에바디 같은 반체제 인사가 미국이나 이스라엘의 범죄를 두고 무슨 말을 하는지 거의 신경 쓰지 않으며, 그럴 이유도 없다. 우리는 그들이 자기 나라의 권력자에게 하는 말과 행동을 보고 그들을 존경한다. 그렇다면 더 자유롭고 민주적인 사회에 살고, 그만큼 효과적으로 행동할 기회가 많은 사람에게는 훨씬 엄격한 잣대를 들이대야 마땅하다. 그런데도 정작 우리 사회에서 가장 존경받는 집단의 관행이 기본적 도덕 가치를 정면으로 위배한다는 사실은 꽤 흥미롭다.

그러나 여기서는 역사적으로 중요한 문제만 따라

가자.

미국이 1960년부터 1990년까지 라틴아메리카에서 벌인 전쟁은 그 참혹성을 떠나 기나긴 역사에서 큰 의미가 있다. 미국이 라틴아메리카에서 일으킨 전쟁의 한 가지 중요한 측면이 가톨릭교회에 맞선 전쟁이라는 점이다. 미국은 1962년에 열린 2차 바티칸공의회에서 선포한 끔찍한 이단을 쳐부수고자 전쟁을 일으켰다. 그 이단이란 교황 요한 23세가 주도한 개혁으로, 저명한 신학자 한스 큉Hans Küng은 이 개혁이 4세기 이후 잊힌 복음의 가르침을 되살려 "가톨릭교회 역사에 새 시대"를 열었다고 평가했다. 이런 가르침은 로마의 콘스탄티누스 1세가 기독교를 로마제국의 종교로 공인해 "박해받는 교회"를 "박해하는 교회"로 바꾸는 혁명을 일으키면서 역사의 뒤편에 묻혀 있었다는 것이다. 라틴아메리카의 주교들은 2차 바티칸공의회의 이단적 개혁을 받아들여 "가난한 이들의 편에 서는 선택"을 원칙으로 삼았다. 그리하여 라틴아메리카에서는 사제와 수녀, 평신도가 복음의 급진적 평화주의를 담은 메시지를 가난한 사람들에게 전파했고, 그들을 조직해 미국의 지배 아래 겪는 비

우리가

정의와 권리를

진지하게 생각한다면

할 수 있는 최선의 일에

노력을 기울여야 한다.

참한 삶을 개선하도록 도왔다.*

같은 해인 1962년, 케네디는 몇 가지 중대한 결정을 내렸다. 하나는 라틴아메리카 각국 군부의 임무를 2차 세계대전 시기에 세워져 시대에 뒤떨어진 "서반구 수호"에서 "내부 안보"로 전환하는 것이다. 이는 사실상 자국 민중이 들고일어나면 그들을 상대로 전쟁을 벌이겠다는 말이다. 1961년부터 1966년까지 미국의 반란 진압 활동과 내부 방어 계획을 주도한 찰스 매츨링Charles Maechling은 케네디가 1962년에 내린 결정에 따라 미국은 자연스럽게 "라틴아메리카 군부의 탐욕과 잔악성"을 용인하던 수준에서 그들과 범죄를 "직접 공모"하고, 나아가 나치의 "하인리히 힘러Heinrich Himmler가 이끈 학살 전문 부대의 수법"을 지원하는 지경에 이르렀다. 그 대표적인 사례가 브라질에서 일어난 군부 쿠데타다. 미국 정부는 이 쿠데타를 계획하고 케네디가 암살당한 직후에 실행했으며,

---

* 2차 바티칸공의회(1962~1965년)와 1968년 콜롬비아 메데인에서 열린 가톨릭 주교 회의, 즉 메데인 회의 후 라틴아메리카에서 시작된 진보적인 기독교의 신학 운동으로, 해방신학Liberation theology이라고 한다.

그 결과 브라질은 인정사정없이 살인을 일삼는 공안 국가가 됐다. 이후 압제는 전염병처럼 라틴아메리카 전역으로 퍼졌고, 1973년 칠레에서는 아우구스토 피노체트Augusto José Ramón Pinochet Ugarte가 쿠데타로 집권해 군부독재를 시작했으며, 뒤이어 아르헨티나에는 라틴아메리카에서 가장 잔혹한 동시에 레이건의 총애를 받은 독재 정권이 세워졌다. 1980년대에는 오늘날 여러 업적으로 존경을 받으며 "따뜻하고 다정한 눈"으로 미국을 지켜본다는 레이건이 주도하는 가운데 중앙아메리카에 다시 한번 압제의 물결이 밀려들었다.

베를린장벽이 무너진 뒤 일어난 예수회 사제 살해 사건은 이단을 물리치려는 최후의 일격이었다. 같은 세력이 "목소리 없는 사람들의 목소리" 오스카 로메로 대주교를 암살하며 엘살바도르에서 시작된 10년간의 공포정치는 이 사건으로 절정에 달했다. 교회와 싸운 전쟁에서 승리한 자는 자신들이 그 전쟁을 수행했다고 자랑스레 밝힌다. 예를 들어 라틴아메리카의 살인 부대를 훈련한 곳으로 유명한 미국의 군사학교 스쿨오브아메리카는 2차 바티칸공의회로 시작된 해방신학을 "미군의 도움으로 물리쳤다"는 점을 자신들의 '실적'으로 내세운다.

실제로 1989년 11월의 암살은 최후의 일격이 될 '뻔'했다. 하지만 전쟁은 여기서 끝나지 않았다.

1년 뒤 아이티에서 처음으로 자유선거를 치렀고, 모두가 그랬듯 미국 정부는 자신들이 지지하던 특권 엘리트 출신 후보가 손쉽게 승리하리라 예상했다. 그러나 놀랍게도 빈민가와 달동네의 민중이 조직적으로 투표에 참여하면서 해방신학에 헌신해 이름을 알린 사제 장베르트랑 아리스티드Jean-Bertrand Aristide가 대통령으로 선출됐다. 미국은 투표로 세운 정부를 무너뜨리고자 즉각 행동에 나섰고, 몇 달 뒤 군부 쿠데타로 정권이 바뀌고 나서는 포악한 군사정부와 엘리트 지지자들에게 지원을 아끼지 않았다. 미국은 국제사회의 제재를 어기고 아이티와 무역을 늘렸으며, 이후 집권한 클린턴 행정부는 무역 규모를 더 확대했다. 클린턴은 석유 회사 텍사코가 자신의 지시를 어기고 살인을 일삼는 통치자들에게 석유를 제공하도록 승인하기도 했다.

그 후에 벌어진 추한 일은 다른 곳에서 충분히 다

뤘으니 여기서는 한 가지 사건만 언급하고 넘어가겠다. 아이티를 오랫동안 괴롭힌 프랑스와 미국은 캐나다와 함께 2004년 아이티에 무력으로 개입했고, 2000년 재선에 성공한 아리스티드를 납치해 중앙아프리카로 보냈다. 웃음거리가 된 2010~2011년 아이티 대선에서 아리스티드와 그가 속한 정당을 사실상 배제한 일은 수백 년 전 시작된 끔찍한 역사를 보여주는 최근의 사례지만, 정작 범죄를 저지른 가해자는 자신이 고통에 시달리는 사람들을 암울한 운명에서 구하려 했다는 이야기에 빠져 이런 역사를 알고자 하지 않는다.

1962년 케네디가 내린 또 다른 중대한 결정은 윌리엄 야보로William Yarborough 장군이 이끄는 특수부대를 콜롬비아에 파견한 것이다. 야보로는 콜롬비아 보안군에게 "공산주의 지지자로 알려진 이들을 상대로 준군사 조직 활동, 파괴나 테러 행위"처럼 "미국을 등에 업어야 가능한" 활동을 하도록 조언했다. 여기서 "공산주의 지지자"라는 말의 의미는 콜롬비아 전 외교부 장관이자 상임인권위원회 의장으로 존경받던 알프레도 바스케스 카리소사Alfredo Vázquez Carrizosa가

자세히 설명했다. 그는 케네디 행정부가 "콜롬비아 정규군을 반란 진압군으로 재편하고 암살 부대라는 새 전략을 도입하고자 각고의 노력을 기울였다"며 그 결과를 다음과 같이 정리했다.

> 라틴아메리카에서는 이른바 국가 안보 원칙이 대두했다. (…) 이는 외부의 적을 방어하는 법이 아니라 군사 조직을 게임의 지배자로 만드는 법이다. (…) 이에 따라 군사 조직은 브라질, 아르헨티나, 우루과이, 콜롬비아에서 천명했듯 내부의 적과 싸울 권리가 있다. 이는 사회 활동가, 노동조합원, 기득권을 지지하지 않는 사람, 극단적 공산주의자로 보이는 사람을 절멸할 권리이기도 하다. 다시 말해 나와 같은 인권 운동가를 비롯해 누구나 제거 대상이 될 수 있다는 뜻이다.

라틴아메리카의 인권 문제 전문가로 꼽히는 학자 라스 숄츠Lars Schoultz는 1980년에 발표한 연구에서 미국의 원조가 "라틴아메리카에서 자국민을 고문하는 정부나 기본 인권을 더 잔혹하게 짓밟는 자들에게 집중적으로 흘러드는 경향이 있다"고 밝혔다. 이 같은 원조는 군사원조를 포함했고, 라틴아메리카인의 필요와 관계가 없었으며, 카터 행정부 시기 내내 계속됐다. 그러다 레이건 행정부 시기부터는 이런 연구를 할 필요조차 없어졌다. 1980년대에 악명 높은 인권침해국이던 엘살바도르는 그에 걸맞게 미국의 군사원조를 가장 많이 받는 나라가 됐으며, 이후에는 콜롬비아가 라틴아메리카 최악의 인권침해국 자리를 이어받았다. 내가 2001년 국제앰네스티 조사단으로 바스케스 카리소사를 찾아갔을 때, 그는 보고타에 있는 자택에서 삼엄한 경호를 받으며 지냈다. 당시 국제앰네스티는 콜롬비아에서 인권·노동 운동가를 상대로 한 공격이 경악스러울 만큼 자주 벌어지고, 빈곤층과 약자가 국가 폭력에 주로 희생당하는 것을 보고 1년간 인권 옹호자를 보호하는 캠페인을 진행하려던 참이었다. 당시 콜롬비아 정부는 마약과 전쟁을 구실로 테러와 고문은 물론 화학전("가스 살포")까지 자행했고, 그 결과 많은 사람이 도시 빈민가로 달아나면서 살아남은 사람들의 삶은 더욱 비참해졌다. 콜롬비아 검

찰총장실이 추정한 바에 따르면 지금까지 콜롬비아에서 준군사 조직의 손에 살해당한 사람은 14만 명이 넘고, 이런 조직은 대부분 미국의 자금 지원을 받은 군부와 긴밀히 협력했다.

살육의 흔적은 곳곳에 있다. 1년 전에 나는 동료들과 콜롬비아 남부의 외딴 마을로 향하던 중, 험하디험한 흙길을 지나다 작은 공터에 십자가가 잔뜩 꽂힌 것을 봤다. 그곳에는 마을버스를 타고 가다 준군사 조직의 공격으로 살해당한 희생자들이 묻혀 있었다. 사건을 정리한 보고서는 당시에 벌어진 일이 눈에 그려질 만큼 상세했다. 생존자들은 내가 만난 어떤 사람보다 친절하고 인정이 많았으며, 그들과 잠깐 이야기를 나눈 것만으로 그날의 참상이 더 생생하게 다가와 가슴이 아팠다.

라틴아메리카에서 일어난 끔찍한 범죄를 여기서는 겉핥기로 요약할 수밖에 없지만, 이 범죄에 미국인은 상당한 책임이 있으며, 분명 상황을 조금이라도 개선할 수 있었다.

공식적인 적국에서 벌어지는 학대에 용감히 항의하는 것은 훌륭한 행동이고 그 일로 칭찬을 받는다면 더욱 기분 좋은 일이겠지만, 그런 태도에 따르는 책임을 진지하게 받아들이는 가치 지향적 지식인은 더 우선해야 할 문제가 따로 있다고 본다.

미국의 손아귀에 있는 지역의 희생자들은 적국의 희생자들과 달리 무시당하고 금세 잊힐 뿐 아니라, 냉소와 모욕까지 받는다. 엘살바도르에서 예수회 사제들이 살해되고 몇 주 뒤, 이 점을 잘 보여주는 일이 일어났다. 체코슬로바키아 대통령 바츨라프 하벨이 워싱턴을 방문해 의회 상·하원 합동 회의에서 연설했다. 하벨은 자신을 열렬히 환영하는 청중 앞에서 워싱턴에 있는 "자유의 수호자들"이 "지구상에서 가장 강한 나라"가 짊어져야 할 "책임을 잘 알고 있다"며 찬사를 보냈다(무엇보다 이 자유의 수호자들은 바로 전에 엘살바도르에서 하벨과 같은 지식인들이 잔혹하게 살해당한 일에 책임이 있다).

진보 지식인은 하벨의 연설에 열광했다. 〈뉴욕타임스〉의 칼럼니스트 앤서니 루이스Anthony Lewis는 하벨을 보면 "우리가 낭만의 시대"에 살고 있음을 알 수 있다며 열을 올렸다. 다른 유명한 진보 논객은 하벨의 "이상주의와 아이러니, 인류애"를 입이 마르도록 칭찬하는 한편, 그가 "개인의 책임이라는 까다로운 원칙을 역설"하는 동안 의회는 그의 천재성과 정직성에 "진심 어린 경의를 보냈다"고 묘사했다. 그러면서도 이들은 왜 미국에는 하벨처럼 "사리사욕보다 도덕성을 중시"하는(요컨대 미국의 방조로 도탄에 빠진 나라에 고문을 받고 난도질당한 시신이 나뒹구는 것을 보며 미국을 칭찬하는) 훌륭한 지식인이 부족하냐고 한탄했다. 상상하기 힘든 일이지만, 소련에서 무장 훈련한 특수부대가 하벨과 그의 동료 몇 명을 암살했다고 가정해보자. 이 상황에서 살해당한 예수회 사제 중 가장 명망이 높은 이그나시오 에야쿠리아Ignacio Ellacuría 신부가 러시아 의회에 참석해 하벨과 비슷한 연설을 한다면 미국에서 어떤 반응을 보일지 불 보듯 뻔하다.

마찬가지로 빈 라덴이 암살된 일을 보면 미국에게 모욕당한 희생자를 다시 한번 돌아보게 된다. 암살 작전에 관해서는 할 말이 많지만(예를 들어 나는 다른 자리에서 미국 정부가 큰 전쟁이 벌어지거나 지하드 세력에 핵 물질이 유출될 위험을 무릅쓰고 작전을 감행한 사실을 지적했다), 여기서는 그 작전에 '제로니모'라는 이름이 붙었다는 점만 짚고 넘어가겠다. 그 이름을 보고 멕시코에서는 분노를 터뜨렸으며, 아메리카 원주민은 항의에 나섰다. 그러나 오바마가 빈 라덴을 아파치족의 추장 제로니모와 동일시했다는 사실을 더 자세히 따지고 든 사람은 없는 듯하다. '명백한 운명'이라는 논리에 지적 틀을 설계한 위대한 전략가이자 미국의 6대 대통령 존 퀸시 애덤스John Quincy Adams의 표현을 빌리면, 제로니모는 아파치족을 "아메리카 원주민의 불행한 운명"으로 몰아넣으려던 침략자에 맞서 용감히 저항한 인물이다. 애덤스는 "우리는 신뢰를 저버린 채 아메리카 원주민을 무자비하고 잔혹하게 몰살했으며, 이는 미국이 저지른 극악무도한 죄이므로 언젠가 신이 심판하시리라 믿는다"고 말했지만, 그는 이 죄에 가담하고 오랜 시간이 지나서야 이렇게 한탄했다. 제로니모 같은 이름을 경솔하게 쓰는 것은 어제오늘 일이 아니다. 우리는 아파치, 블랙호크, 샤이엔 등 미국의 범죄에 희생당한 원주민 부족의 이름을 별생각 없이 살상 무기에 붙이곤 한다. 나치 독일의 공군이 전투기에 '유대인'이나 '집시' 같은 이름을 붙였다면, 우리는 전혀 다른 반응을 보였으리라.

　미국이 저지른 "극악무도한 죄"는 노골적으로 부

정되기도 한다. 최근에 벌어진 몇 가지 사례를 살펴보자. 언론인 러셀 베이커Russell Baker는 2년 전, 좌파 진보 성향의 고급 교양지로 꼽히는 《뉴욕리뷰오브북스》에 기고한 글에서 "영웅적 역사학자" 에드먼드 모건Edmund Morgan의 저작을 읽고 알게 된 내용을 다음과 같이 요약했다. 콜럼버스와 초기 탐험가들이 아메리카 대륙에 도착했을 때, 그들은 "농사와 사냥으로 먹고사는 사람들이 드문드문 흩어져 있는 광활한 대륙"을 발견했으며, "자연을 그대로 간직한 열대우림에서 얼어붙은 북쪽까지 끝없이 뻗어 있는 세계에는 100만 명 남짓한 주민이 살고 있었다". 하지만 당시 아메리카 대륙에는 100만 명이 아니라 수천만 명이 살았으며, "광활한" 대륙 곳곳에는 발전된 문명이 들어서 있었다. 넉 달 뒤 편집자들은 북아메리카에만 1800만 명이 살고 있던 것으로 추정된다며 내용을 정정했지만, 이 일에 반응을 보인 사람은 아무도 없었다(게다가 편집자들은 "열대우림에서 얼어붙은 북쪽까지" 뻗은 땅에 수천만 명이 더 살았다는 사실을 언급하지 않았다). 아메리카 대륙에 수천만 명이 살았고, 대륙 곳곳에 발전된 문명이 있었으며, 침략자들이 "신뢰를 저버린 채 아메리카 원주민을 무자비하고 잔혹하게 몰살"했다는 사실은 수십 년 전에 널리 알려졌지만, 이는 가벼운 표현으로 뭉갤 수 있을 만큼 중요한 문제가 아니었다. 1년 뒤 유명한 역사학자 마크 마조워Mark Mazower는《런던리뷰오브북스London Review of Books》에서 미국이 "아메리카 원주민을 학대"했다고 언급했지만, 역시나 이를 지적하는 사람은 아무도 없었다. 적국에서 저지른 비슷한 범죄를 두고 '학대'라는 말을 쓴다면 과연 우리가 가만히 두고 보겠는가?

◆ ◆ ◆

지식인의 책임이 자유와 정의, 자비, 평화 같은 대의를 위해 자신의 지위와 특권을 활용할 위치에 있는 지식인이 선량한 인간으로서 지는 도덕적 책임을 가리킨다면, 지식인은 적들이 저지르는 잘못뿐 아니라 우리 자신이 가담하고 선택에 따라 개선하거나 근절할 수 있는 범죄에 목소리를 내는 일을 훨씬 중요하게 여길 책임이 있다면, 우리는 9·11 테러를 어떻게 봐야 하는가?

흔히 말하는 대로 9·11 테러가 '세상을 바꿨다'는 생각에는 일리가 있다. 그 사건은 분명 미국과 전 세계에 엄청난 영향을 끼쳤다. 그중 하나는 로널드 레이건이 시작한 테러와 전쟁을 부시 대통령이 다시 한 번 선언한 것이다. 첫 번째 테러와 전쟁은 우리가 잘 아는 라틴아메리카의 살인·고문 전문가들이 즐겨 쓰는 표현을 빌리면 '행방불명'됐다. 아마도 그 결과가 레이건 정부가 추구하던 미국의 이미지와 잘 맞지 않았기 때문일 것이다. 9·11 테러가 낳은 또 다른 결과는 아프가니스탄과 이라크 침공이다. 미국은 최근 중동의 다른 나라에도 군사개입을 감행했으며, 이란을 상대로 늘 하던 공격 위협("모든 선택지가 열려 있다"는 상투적인 위협)을 계속하고 있다. 9·11 테러에 따른 대가는 어느 모로 보나 엄청났다. 따라서 우리는 그 결과를 보며 다시 한번 뻔한 질문을 던질 수밖에 없다. 다른 대안은 없었는가?

몇몇 분석가는 빈 라덴이 미국과 치른 전쟁에서 큰 승리를 거뒀다고 봤다. 언론인 에릭 마골리스Eric Margolis에 따르면, "빈 라덴은 이슬람 세계에서 미국을 몰아내고 미국의 앞잡이 노릇을 하는 통치자들을 타도할 길은 규모는 작지만 비용이 많이 드는 전쟁으로 미국을 계속 끌어들여 결국 파산에 이르게 하는 것뿐이라고 거듭 강조했다".

　미국은 처음에는 조지 W. 부시 정권에서, 다음은 버락 오바마 정권에서 빈 라덴이 쳐놓은 덫에 뛰어들었다. (…) 터무니없이 불어난 군사비와 만성적인 부채는 (…) 미국을 타도할 수 있다고 믿은 한 인물이 남긴 가장 치명적인 유산일지 모른다.

브라운대학교 왓슨국제공공문제연구소Watson Institute for International and Public Affairs가 진행하는 '전쟁 비용 프로젝트'의 보고서는 9·11 테러 이후 미국이 쓴 전쟁 비용이 총 3조 2000억 달러에서 4조 달러에 이르리라고 추정한다. 이 정도면 빈 라덴은 대단한 업적을 남긴 셈이다.

　미국 정부가 빈 라덴이 친 덫에 의도적으로 뛰어들었다는 사실은 금세 명백해졌다. 1996년부터 1999년까지 빈 라덴 추적 업무를 맡은 CIA 선임분석가 마이

클 슈어Michael Scheuer는 "빈 라덴은 그가 미국을 상대로 전쟁을 일으키려는 이유를 미국에 정확히 밝혔다"고 주장했다. 그에 따르면, 알카에다 지도자 빈 라덴은 "미국과 서구가 이슬람 세계에 펼치는 정책을 송두리째 뒤엎으려 했다".

슈어는 빈 라덴이 대체로 성공했다고 말한다. "미국의 군사개입과 중동 정책으로 이슬람 세계의 급진화는 극단으로 치닫고 있다. 오사마 빈 라덴은 이를 위해 1990년대 초부터 상당한 노력을 기울였으나 반쪽짜리 성공에 그쳤다. 따라서 나는 미국을 빈 라덴에게 없어서는 안 될 유일한 동맹으로 보는 것이 타당하다고 생각한다." 미국은 빈 라덴이 죽은 뒤에도 여전히 그의 동맹 역할을 하고 있다 해도 지나친 말이 아니다.

하지만 지하드 운동은 9·11 테러 이후 오히려 분열되고 흔들릴 수도 있었다. 이렇게 가정하는 데는 충분한 이유가 있다. 9·11 테러는 지하드 운동 내부에서도 호된 비판을 받았기 때문이다. 더구나 그 공격은 마땅히 "인류에 대한 범죄"로 부를 만한 일이었기에, 미국은 이를 범죄 사건으로 다루면서 국제사회와 공동작전을 벌여 의심스러운 용의자들을 체포할 수도 있었다. 공격이 벌어진 직후 많은 사람이 이런 가능성을 인지했지만, 정부의 결정권자들은 그와 같은 방안을 고려조차 하지 않았다. 조건에 따라 알카에다 지도자들이 재판을 받도록 하겠다던 탈레반의 제안이 어느 정도 진심이었는지 알 수 없지만, 미국 정부는 그들의 제안에 눈길도 주지 않은 것으로 보인다.

나는 당시에 "악의와 무서울 정도의 잔혹성"을 가진 자들이 9·11 테러라는 끔찍한 범죄를 저질렀다고 정확히 짚은 언론인 로버트 피스크Robert Fisk의 말을 인용했다. 하지만 그들의 범죄는 훨씬 심각한 지경에 이를 수도 있었다. 승객들의 용감한 저항으로 펜실베이니아주에 추락한 유나이티드항공 93편 비행기가 백악관을 공격해 대통령이 숨졌다고 생각해보라. 그 범죄자들이 군사독재 정권을 수립해 수천 명을 살해하고 수만 명을 고문할 계획을 세운 뒤, 실행에 옮겼다고 생각해보라. 범죄자들의 지원을 받은 독재 정권이 국제 테러 센터를 만들어 전 세계 곳곳에 고문과 테러를 일삼는 정권이 들어서도록 지원했다고 생각해보라. 설상가상으로 그들이 경제학자 팀을 꾸리고

(그 팀에는 '칸다하르* 보이스Kandahar boys'라는 별칭을 붙일 수 있겠다), 순식간에 세계경제를 역사상 유례없는 침체로 몰아넣었다고 생각해보라. 누가 봐도 9·11 테러보다 훨씬 끔찍했을 것이다.

모두 알겠지만, 이것은 사고실험이 아니다. 실제로 벌어진 일이다. 나는 라틴아메리카에서 벌어진 이른바 '첫 번째 9·11'을 이야기하는 것이다. 1973년 9월 11일, 미국은 단시간에 많은 노력을 기울인 끝에 칠레에서 민주적으로 세운 살바도르 아옌데 정부를 무너뜨리는 데 성공했고, 그 결과 군사 쿠데타로 집권한 피노체트 장군의 지독한 독재가 시작됐다. 이후 피노체트 정권은 '시카고 보이스(시카고대학교 출신 경제학자를 가리키는 별칭)'를 등용해 칠레 경제를 개조하도록 했다. 당시에 일어난 경제적 파탄, 고문과 납치 사건을 생각해보라. 그리고 첫 번째 9·11과 두 번째 9·11을 인구 대비 사망자 수로 비교할 수 있도록 피노체트 정권에서 사망한 사람 수에 25를 곱해보라. 그러면 첫 번째 9·11이 얼마나 더 파괴적이었는지

─────────

* 아프가니스탄 남부의 도시.

알 수 있을 것이다.

닉슨 행정부의 표현을 빌리면 아옌데 정권을 무너뜨린 목적은 "외국인이 우리가 엿 먹도록", 즉 국내 자원을 장악하고 더 넓게는 미국 정부가 싫어하는 노선에 따라 독자적인 발전 정책을 추구하도록 부추길 가능성이 있는 "바이러스"를 죽이는 것이었다. 닉슨 행정부는 미국이 라틴아메리카를 통제하지 못하면 "세계 어디서도 질서를 바로 세우기를" 기대하기 어렵다는 국가안전보장회의의 결론에 따라 행동에 나섰다. 헨리 키신저의 표현에 따르면, 이는 미국을 향한 "신뢰"를 흔들 수 있는 일이었다.

첫 번째 9·11은 두 번째와 달리 세상을 바꾸지 못했다. 며칠 뒤 키신저는 "대단한 영향은 없을 것"이라고 닉슨에게 장담했다. 독재 치하에서 살아남은 사람들은 다르게 생각하겠지만, 종전 역사에서 첫 번째 9·11을 어떻게 다루는지 보면 키신저의 말이 틀리지 않았음을 알 수 있다.

대단한 영향은 없을 것이라던 사건은 칠레의 민주주의를 파괴한 군사 쿠데타로 끝나지 않았으며, 이후 이어진 참상의 시작이었다. 앞서 살펴봤듯, 첫 번째 9·11은 1962년 케네디가 라틴아메리카 각국 군부의 임무를 "내부 안보"로 전환하면서 시작된 드라마의 한 막일 뿐이다. 하지만 그 여파로 일어난 충격적인 일 또한 대단한 영향이 없기는 마찬가지였다. 이는 책임감 있는 지식인들이 역사를 굳게 지킬 때 흔히 나타나는 패턴이다.

◆ ◆ ◆

공적 목표는 지지하면서 공적 범죄는 못 본 체하거나 합리화하는 체제 순응적 지식인이 사회에서 명예와 특권을 누리는 반면에, 가치 지향적 지식인은 어떤 식으로든 처벌받는 일은 역사에서 늘 일어나는 보편적 현상인 듯하다. 머나먼 과거의 역사를 봐도 같은 패턴을 쉽게 확인할 수 있다. 소크라테스는 아테네의 젊은이들을 타락시켰다는 혐의로 독배를 마셔야 했다. 드레퓌스파가 "사람들의 영혼을 타락시키며, 때가 되면 사회 전체를 타락시킬 것"이라 비난받고, 1960년대 가치 지향적 지식인이 "젊은 세대의 교화"를 방해한다는 혐의를 받은 것과 마찬가지다.

첫 번째 9·11은

두 번째와 달리

세상을 바꾸지 못했다.

며칠 뒤 키신저는

"대단한 영향은 없을 것"이라고

닉슨에게 장담했다.

히브리어 성경에는 오늘날 기준으로 보면 반체제 인사에 해당하는 인물들이 나온다(영역 성경에서는 이들을 '선지자prophet'라 부른다). 그들은 당대 지정학적 현실을 비판적으로 분석하고 권력층의 범죄를 비난했으며, 가난하고 고통을 겪는 사람들에게 관심을 가지고 정의를 실현해야 한다고 요구해 기득권층을 머리끝까지 화나게 했다. 이스라엘에서 가장 사악한 왕 아합은 이스라엘을 증오하는 자, 최초로 '자신을 증오한 유대인' 등 현대의 '반미주의자'에 해당하는 말로 선지자 엘리야를 비난했다. 훗날 거짓 선지자로 지탄의 대상이 된 궁중 아첨꾼과 달리 엘리야 같은 선지자는 가혹한 처우를 받았다. 그야말로 알기 쉬운 패턴이다. 상황이 반대였다면 오히려 놀라울 것이다.

지식인의 책임은 몇 가지 단순한 진실로 정리하면 충분할 듯싶다. 지식인이라는 말이 어떻게 쓰이는지만 봐도 알 수 있듯, 지식인은 보통 특권을 누린다. 특권은 기회를 제공하며, 기회는 책임을 부여한다. 그렇기에 지식인은 저마다 선택을 해야 한다.

특권은

기회를 제공하며,

기회는

책임을 부여한다.

옮긴이의 글

강성원

.·
.

나의 삶을 이끌어준 근본이념은 '자유'와 '책임'
이었다. 인간은 누구나, 더욱이 진정한 '지식인'
은 본질적으로 '자유인'인 까닭에 자기의 삶을
스스로 선택하고, 그 결정에 대해서 '책임'이 있
을 뿐만 아니라 자신이 존재하는 '사회'에 대해
서 책임이 있다는 믿음이었다.

리영희,《대화》중에서

노암 촘스키는 언어학자, 철학자, 사회 비평가, 정치 운동가이며 저술가다. 현대 언어학의 개척자로서 20세기에 지대한 공헌을 한 언어학자이며, 현존하는 가장 중요한 지식인으로 알려져 있다. 1955년 미국 펜실베이니아대학교에서 변형문법 연구로 박사 학위를 받고, 1961년 매사추세츠공과대학교 교수가 됐다. 베트남전쟁이 일어난 1960년대부터 현실 정치에 관련된 비평과 저술, 각종 활동을 하면서 일반인에게 알려졌다.

나는 미국 아이오와대학교에서 전산학 박사과정 학생으로 공부하던 1990년경, 학교에서 열린 촘스키 교수의 초청 강연에 참석해 그를 직접 봤다. 그는 전산학에서 프로그래밍언어 연구의 기반이 되는 정형 언어의 촘스키 계층 분류의 창시자로 잘 알려진 분이라, 강연 소식을 듣고 전산학 분야의 어떤 새로운 통찰을 줄

까 기대했다. 그러나 뜻밖에도 강연 주제는 정치사상에 관한 것이었다. 촘스키 교수의 강연을 듣고 어떻게 한 사람이 크게 다른 두 분야에서 이토록 깊은 식견을 갖출 수 있는지 감탄한 기억이 난다. 나는 그 후 오랫동안 사회와 정치에 대해 깊은 생각 없이 전산학 분야의 연구와 교육, 특히 소프트웨어 개발 분야의 연구와 교육에 몰두했다.

그러나 시간이 지나며 전문 분야에만 머물러서는 그 분야가 어떤 방향으로 가고 있는지, 그 방향이 옳은지, 가고자 하는 방향으로 맞게 가고 있는지 판단하기 어렵다는 것을 깨달았다. 특히 내가 속한 전문가 집단이 집단의 미래를 위해, 우리 사회를 위해 한 전문가 집단으로서 최선을 다하고 있는지 생각하게 됐다. 여기서 최선이란 지금까지 관행적으로 해온 일을 관행적으로 해온 방식으로 최선을 다하는 것이 아니라, 지금까지 해온 일과 해오지 않은 일을 망라하고 지금까지 해온 방식과 해오지 않은 새로운 방식을 망라해 최선을 선택하고 최선을 다하는 것을 말한다. 이런 의문을 품은 배경이 내가 속한 전문가 집단이 다른 집단에 비해 특별한 문제가 있었기 때문은 결코 아니다. 단지 가까이서 관찰할 수 있는 집단이 내가 속한 집단이고, 그 경험에 비춰 볼 때 다른 많은 전문가 집단이 생각하고 행동하는 방식을 내가 잘 이해하게 됐기 때문이다.

내가 오랜 기간에 걸쳐 사람들을 관찰하고 관련된 책을 읽으며 도달한 결론은 전문가 집단이 생각하고 행동하는 방식이 서로 크게 다르지 않다는 것이다. 국내외 많은 전문가 집단은 정도와 특징이 다르지만, 생각하고 행동하는 방식에 놀라울 만큼 공통점이 있다는 생각이 들었다. 이 책의 글에서 촘스키는 내가 어렴풋이 느끼는 지식인 집단의 특징과 문제점을 많은 근거와 사례를 들어 구체적으로 드러낸다. 이런 이유로 나는 이 책의 내용을 독자들에게 꼭 전달해야겠다고 마음먹었다.

지식인intellectual이라는 단어의 사전적인 의미는 '높은 수준의 지적 능력을 가진 사람'*이다. 그런데 역사를 보면 소수인 지식인은 지식인이 아닌 다수를 위해서 지식만을 전달하지 않았다. 다수가 '올바른' 것을

---

* "A person possessing a highly developed intellect"(옥스퍼드 온라인 사전).

보게 할 뿐 아니라, 그들 스스로 '올바른 것'을 실천하려 하고, 때로는 '올바르지 않은 것'에 적극적으로 저항해서 '올바름'을 실현하려 했다. 이런 지식인을 사람들은 '진정한 지식인'*이라고 불렀다.

여기에 번역한 촘스키의 책은 '진정한 지식인이란 무엇인가'를 다뤘다. 이 책은 현대의 대표적인 지식인의 '진정한 지식인'에 대한 깊은 생각을 담고 있다. 그래서 독자가 자신에게 '나는 진정한 지식인인가?' '나는 진정한 지식인의 자격을 갖췄는가?' '내가 진정한 지식인이 되기 위해서 무엇을 해야 하는가?' 같은 질문을 던지게 한다.

물론 촘스키만 지식인에 대해 생각한 것은 아니다. 지식인에 대해 깊이 생각한 많은 사상가와 그들의 글이 있지만, 나는 이 책의 내용과 관련해서 특히 사르

---

* '진정한 지식인'을 지식인과 구별해 '지성인'이라고 부른 사람도 있다. 혹자는 지식인은 '직업군'을, 지성인은 '지식인이 달성한 모습'을 말한다고도 한다. 영어권에서는 이 둘을 특별히 구별하지 않는 것 같다. 나는 이 둘을 구별하기 위해 서로 다른 두 용어를 쓰지 않고 '지식인으로 불리는 지식인'을 '지식인'으로, '지식인이라고 불릴 자격을 갖춘 지식인'을 '진정한 지식인'으로 칭한다.

트르Jean Paul Sartre의 〈지식인이란 무엇인가?〉*와 에드워드 사이드Edward W. Said의 〈전문가와 아마추어〉**라는 글이 시사하는 바가 크다고 생각한다. 촘스키의 글이 지식인의 책임이 무엇인지 극명하게 보여준다면, 사르트르의 글은 지식인이 누구인지, 사이드의 글은 지식인이 어떻게 지식인으로서 책임을 수행할 수 있는지에 대해 우리를 일깨운다. 따라서 먼저 이 글에 들어 있는 지식인에 대한 사르트르와 사이드의 생각을 간략히 살펴보고 이 책의 내용을 생각해보기로 한다.

사르트르의 〈지식인이란 무엇인가?〉

사르트르는 20세기의 대표적인 실존주의 철학자이자 작가다. 《말Les Mots》이라는 작품으로 1964년 노벨 문학상 수상자로 결정됐으나, "정치적 · 사회적 ·

---

* 《지식인을 위한 변명Plaidoyer Pour Les Intellectuels》, 박정태 옮김, 이학사, 2007.

** Said, Edward W., *Representations of the Intellectual*, Vintage, 1996(한국어판은 《지식인의 표상》, 최유준 옮김, 마티, 2012).

문학적 입장을 가진 작가는 자신이 가진 수단, 즉 오직 글을 통해서 행동해야 한다. 작가가 받는 모든 명예는 독자들을 내가 생각하기에 바람직하지 않은 압력에 노출한다"라며 수상을 거부했다. 1965년 사르트르는 일본을 방문해 세 차례 강연했는데, 그 강연 내용이 1972년 《지식인을 위한 변명》으로 출간됐다. 이 세 차례 강연 중 첫째 날 강연에서 사르트르는 '지식인이란 무엇인가?'에 대해 말한다.**

사르트르는 현대 지식인의 뿌리를 추적한다. 그에 따르면, 근대사회에서 분업이 실용적인 지식을 갖춘 전문가 집단을 배출할 수 있게 했다. 전문가 집단은 과거나 현재나 생계를 지원받아야 하는 약자다. 그들은 자신의 전문 지식을 제공하는 대가로 생계를 유지한다. 그 과정에 지배계급의 이데올로기를 지탱하는 역할을 하기도 하고, 그럼으로써 더 많은 대가를 받

---

* http://www.openculture.com/2014/06/jean-paul-sartre-rejects-the-nobel-prize.html

** 둘째 날 강연 제목은 '지식인의 기능', 셋째 날 강연 제목은 '작가는 지식인인가?'이다.

는다. 사르트르는 이를 복종이라고 불렀는데, 지배계급은 복종의 대가로 전문가에게 자유롭고 보편주의적인 탐구 정신을 허용한다. 이는 지배계급이 자신의 정당성을 확보하고자 하는 수단으로 부여하는 것이다. 이 과정에 어떤 전문가는 "전문성의 밖으로 나가" 자유로운 탐구를 수행하며 자신이 놓인 모순적 상황을 깨닫는다. 즉 자신이 지배계급의 특수 이익을 수호하는 역할을 하고 있음을 자유롭고 보편주의적인 탐구 정신으로 깨닫는다.

여기서 "전문성의 밖으로 나간"다는 사르트르의 표현에 주목해야 한다. 그는 이 때문에 지식인이란 "자신과 무관한 일에 쓸데없이 참견하는 사람"이라고 말한다. 촘스키도 자신에게 명성을 가져다준 언어학이라는 전문 분야에서 벗어나 정치 현실에 대한 진실을 밝히는 일을 했다. 사이드는 이를 지식인이 갖춰야 하는 아마추어리즘이라고 불렀다.

사르트르는 지식인을 '지식을 가진 전문가', 진정한 지식인을 '지식인'이라고 부른다. 따라서 지식을 가진 모든 전문가는 잠재적 지식인이지만, 잠재적 지식인이 모두 진정한 지식인은 아니다. 그는 다음 예로 이

구별을 설명한다. "핵무기를 제조하기 위해서 핵분열에 관해 연구하는 학자를 우리는 '지식인'이라고 부르지 않는다. 그들은 단순히 학자일 뿐이다. 그런 그들이 핵무기의 가공할 위력에 놀라 핵폭탄 사용을 억제하는 여론을 조성하기 위해 회합을 갖고 선언문에 서명할 때, 그들은 진정한 '지식인'이 된다." 사르트르는 그 이유를 그들이 사람들이 인정해준 자신의 명성 혹은 권한을 이용해 자신에게 명성을 가져다준 일과는 다른 일을 하고 있기 때문이라고 말한다.

에드워드 사이드의 '아마추어로서 지식인'

에드워드 사이드는 팔레스타인 출신 미국의 영문학자, 비교문학가, 문학평론가, 문명 비판론자다. 그는 1993년 영국 BBC의 리스 강연Reith Lectures*에 참여했다. 이 강연 내용은 이듬해 《지식인의 표상》으로 출간됐고, 사이드는 이 책의 네 번째 장에서 '전문가

---

* 존 리스John Reith 경이 시작한 BBC 라디오 강연. 해마다 당대의 지도적인 인물에게 강연을 의뢰한다. 첫 번째 강연자는 버트런드 러셀(1948년)이었고, 아널드 토인비(1952년)와 존 갤브레이스(1966년), 스티븐 호킹(2016년)도 리스 강연에 참여했다.

와 아마추어'에 대해 말한다.

사이드에 따르면 "오늘날 사회는 지식인은 자기 분야에서만 전문가가 돼야 한다고 말하며, 때로는 상이나 보상을 동원해 지식인을 포위해서 꼼짝 못 하게 해" 과거에 진정한 지식인이 전통적으로 해온 역할을 현재의 지식인 집단이 수행하기 어렵게 만든다. 사이드는 "오늘날 사회가 지식인의 독창성과 의지를 시험하는 이런 압력"을 다음 네 가지로 분석한다.

첫째, 지식인은 전문화로 폭넓은 시야를 갖추기 어려워졌다. 이로 인해 기술적 형식주의가 증가했고, 전문가는 실제 경험에 대한 역사적 감각이 줄었으며, 점차 길들어 그 분야의 이른바 지도자가 허용하는 것은 뭐든 받아들이는 경향이 생겼다.

둘째, 전문가는 전문성과 인증된 전문인에 대한 제도화로 고정된 편협한 틀 안에 머무르도록 압력을 받는다.

셋째, 권력과 권력자의 권위를 향한, 권력이 주는 요구 사항과 특혜를 향한, 권력에 의해 직접 고용되기를 바라는 피할 수 없는 표류다.

넷째, 산업 혹은 특수 이권 로비, 대형 재단이 모두

학계 전문가를 고용해 사업적 의제뿐만 아니라 정치적 의제를 넓히기 위한 연구나 연구 프로그램을 수행하는 현상이다.

지식인이 진정한 지식인으로서 역할을 하기 위해서는 전문가 세계의 고정되고 편협한 시각이 아니라 특정 영역에 국한되지 않는 시야로 사회의 다른 영역을 볼 수 있어야 하며, 이를 위해서는 당연해 보이는 것에도 '왜?'라는 질문을 던질 수 있는 아마추어적인 신선한 시각이 필요하다. 전문 분야의 문제에 대한 답을 그 분야 전문가에게만 맡길 경우, 아마추어의 의문 제기에 그들이 이미 해온 답을 반복하는 모습을 자주 본다. 사이드는 이와 같은 시각을 다음과 같이 표현한다.

오늘날 지식인은 지각 있고 사회에 관심을 가진 구성원으로서, 가장 기술적이고 전문적인 활동에서조차 그 중심에 도덕적 문제를 제기할 권리가 있다고 생각하는 아마추어가 돼야 한다. 그것이 자신의 나라와 권력 그리고 권력이 그 시민과 다른 사회와 상호 작용하는 방식에 영향을 주기 때문이다. (…) 오늘날 지식인은 전문적 시녀로서 권위를 대할지, 아니면 대가를 바라지 않는 아마추어의 양심으로 권위를 대할지 결단해야 한다.[*]

　이런 사이드의 주장은 "정책에 대한 비판을 허용하지 않을 정도로 일반인이 이해하기 어려운 이론 체계나 방대한 관련 정보 같은 것은 없다"는 촘스키의 말과 궤를 같이한다. 전문가가 주장하는 이론과 정보가 아마추어로서 지식인의 분석과 비판을 받는 것은 필요하고도 당연한 일이다.

　사이드가 지식인은 아마추어의 양심으로 권위를 대해야 한다고 말하지만, 그렇다고 그가 지식인이 반드시 전문 분야 밖의 일에 대해서만 진실을 말해야 한다고 하는 것은 아니다. 지식인이 자신의 전문 분야가 아닌 영역에서 하는 (사이드가 말하는) '참견' 못지않게, 자신의 분야에 대해 진실을 말하는 것은

---

[*]　Said, Edward W., *Representation of the Intellectuals*, Vintage, 1996, pp. 82~83.

중요하다. 전문가에게는 그의 전문 분야의 진실이, 촘스키가 인용한 맥도널드의 말처럼 "바로 코앞에" 있는 것일 수 있기 때문이다.

촘스키의 〈지식인의 책임〉

촘스키는 서른아홉 살이던 1967년, 2월 23일에 나온 《뉴욕리뷰오브북스》 특별 부록에 〈지식인의 책임〉이라는 에세이를 게재했다. 이 에세이는 50년이 지난 2017년에 제목이 같은 책 1부로, 2011년에 쓴 〈지식인의 책임 후편 : 국가를 견제하기 위한 특권의 사용The Responsibility of Intellectuals, Redux: Using Privilege to Challenge the State〉을 2부로 출판됐다. 그 책의 우리말 번역본이 독자 여러분이 손에 든 이 책이다.

이 책 1부에서 촘스키는 베트남전쟁을 배경으로 미국 지식인(특히 국제정치학자)의 발언을 분석하고 그 발언에 담긴 기만과 왜곡을 드러내 그들이 지식인의 책임을 다하지 못했음을 보인다. 촘스키는 베트남전쟁이라는 구체적인 상황을 통해서 '지식인의 책임'에 대해 논하지만, 사실상 그는 현시대 모든 지식인의 공통적인 책임에 대해 말하고 있다.

촘스키는 현시대 지식인을 구성하는 주류를 학자-전문가로 부르며, 현대의 많은 지식인이 도덕적 취약성이라는 큰 문제점을 안고 있다고 다음과 같이 신랄하게 지적한다.

권력과 부를 이미 손에 넣었거나 있는 그대로 "사회를 받아들이고" 현재 사회에서 "존중받는" 가치를 옹호함으로써 권력과 부를 누릴 수 있다고 생각하는 지식인 사이에 모종의 합의가 있다고 볼 근거가 충분하다. 이런 합의는 과거의 자유 부동하는 지식인을 대체하는 학자-전문가에게서 가장 눈에 띈다.*

촘스키는 "진실을 말하고 거짓을 드러내는 것은 지식인의 책임"이라며 책임을 이행할 수 있게 하는 조건과 환경에 대해 다음과 같이 말한다.

지식인의 책임에 대해서는 이와 마찬가지로 곤

---

* 이 책, 80쪽.

혹스러운 질문을 던질 수 있다. 지식인은 정부의 거짓말을 폭로하고, 정부가 내세우는 명분과 동기, 숨은 의도를 파악해 정부의 행동을 분석할 수 있는 위치에 있다. 적어도 서구에서 지식인은 정치적 자유, 정보의 접근성, 표현의 자유에서 나오는 힘을 가진다. 현재 일어나는 역사적 사건은 이데올로기와 계급 이익 등에 따라 왜곡되고 와전된 채 우리에게 전해진다. 서구의 민주주의는 특권을 가진 소수 지식인이 장막에 가려진 진실을 찾을 수 있는 시간적 여유와 시설, 훈련을 제공한다.[*]

촘스키는 이 책 1부를 나치 강제수용소의 경리장교가 한 말로 끝맺는다. 2차 세계대전이 끝나고 러시아군의 포로가 된 강제수용소의 경리장교는 러시아인이 그를 교수형에 처할 거라는 말을 듣고 울음을 터뜨린다. 그가 배반한 '책임'은 러시아인은 물론, 이 말을 인용한 맥도널드와 촘스키가 모두 공감하는 책

---

[*] 이 책, 28쪽.

임일 것이다. 우리는 강제수용소 경리장교에게 물은
이 책임이 지식인을 겨냥한 것이 아니라 일반인에게
물은 책임이라는 데 주목해야 한다. 나아가 촘스키는
"지식인이 누리는 특권을 고려하면, 지식인의 책임은
맥도널드가 '국민의 책임'이라 부른 것보다 훨씬 막
중하다"고 말한다.

우리나라는 베트남전쟁에 미국의 동맹국으로 참
전해 그 전쟁의 진실을 부분적으로 혹은 왜곡된 채로
볼 수밖에 없는 과거가 있기에, 이 책 1부는 많은 독
자에게 우리나라의 베트남전쟁 참전 경험을 다시 생
각해보게 한다. 미국은 한편으로 2차 세계대전과 한
국전쟁을 통해 전체주의국가의 침략에서 자유세계를
지켜 국제사회를 위해 크게 기여했지만, 다른 한편으
로 이 책에서 촘스키가 파헤쳐 보여준 바와 같이 베
트남과 남아메리카 여러 나라에 큰 피해를 끼쳤다. 그
과정에 미국이 저지른 여러 행위를 통해, 우리는 강자
가 약자에게 얼마나 쉽게 큰 피해를 주는지 알 수 있
다. 정치 현실을 만드는 주체가 사람이라는 것을 생각
하면, 사람이 다른 사람의 처지에서 생각하고 느끼는
것이 얼마나 어려운 일인지도 짐작할 수 있다.

촘스키는 이 책 2부에서 지식인을 "자유와 정의, 자비, 평화, 그 밖에 정서적으로 중요한 대의를 위해 자신의 지위와 특권을 활용할 위치에 있는 지식인이 선량한 인간으로서 지는 도덕적 책임" 의식을 가진 '가치 지향적 지식인'과 "주류 사회가 기대하는 역할, 즉 지도자와 종전의 제도를 폄훼하는 것이 아니라 지지하는 역할"을 하는 '체제 순응적 지식인'으로 나눈다. 체제 순응적 지식인은 역사 속에서 책임감 있는 지식인으로 간주되고 사회에서 명예와 특권을 얻지만, 가치 지향적 지식인은 "무대 뒤의 야인"으로 간주되고 "어떤 식으로든 처벌을" 받기 십상이다. 촘스키는 "도전을 마다하지 않으며, 그에 따른 대가를 기꺼이 감수한" 적국의 가치 지향적 지식인을 사람들은 반체제 인사라고 부르지만, 본국의 가치 지향적 지식인은 그렇게 부르지 않는다는 점을 지적한다.

이 책 1부가 베트남전쟁의 비극을 배경으로 체제 순응적 지식인이 권력과 확립된 제도에 비판 없이 종사하는 모습을 비판했다면, 2부에서는 두 차례 발생한 9·11 사건을 배경으로 가치 지향적 지식인과 체제 순응적 지식인의 모습을 대비한다.

첫 번째 9·11은 1973년 미국의 지원을 받은 피노체트가 쿠데타를 일으켜 라틴아메리카에서 처음 민주적 절차에 따른 선거로 선출된 칠레의 살바도르 아옌데 정권을 무너뜨린 사건이다. 두 번째 9·11은 2001년 오사마 빈 라덴과 알카에다 등이 미국에 테러를 감행한 사건이다.

첫 번째 9·11이 일어난 원인, 쿠데타와 그 추이에 대한 반응 혹은 무반응에는 체제 순응적 지식인의 지배적인 역할이 있었다. 첫 번째 9·11로 발생한 인명 피해가 인구 비례로 볼 때 두 번째 9·11보다 훨씬 큰데도 역사에 잘 알려지지 않은 까닭은 사건을 기획한 정치가, 고위 관료와 그 배후의 이익집단, 사건에 대해 입을 열 수도 침묵할 수도 있는 언론인과 학자 사이에 명시적 혹은 묵시적 공모가 있었다고 봐야 한다. 2부에서 촘스키는 미국의 개입과 지원으로 라틴아메리카에서 발생한 정부 전복, 내전, 인권 파괴의 피해국으로 칠레 외에도 브라질, 아르헨티나, 아이티, 콜롬비아, 엘살바도르의 예를 소개한다.

두 번째 9·11 이후 미국 정부가 그에 대응한 일련의 결정을 내리는 데도 체제 순응적 지식인이 배후

에 있었다. 반면 가치 지향적 지식인이 미국 내에서
는 무책임한 사람으로 치부되거나 무시되고, 라틴아
메리카 여러 나라에서는 노골적인 탄압의 대상이 되
며 심지어 살해되는 경우도 드물지 않았다. 이와 같
이 체제 순응적 지식인에 의해 일어날 수 있는 엄청
난 결과를 생각하면 잘못된 혹은 부도덕한 판단에 대
한 그들의 책임은 매우 크고, 그들은 응분의 책임을
져야 한다고 생각하지 않을 수 없다.

촘스키는 다음과 같은 말로 이 책 2부를 마친다.

> 지식인이라는 말이 어떻게 쓰이는지만 봐도 알
> 수 있듯, 지식인은 보통 특권을 누린다. 특권은
> 기회를 제공하며, 기회는 책임을 부여한다. 그
> 렇기에 지식인은 저마다 선택을 해야 한다.

'지식인'을 구성하는 사람은 시대와 함께 바뀌었다.
과거의 '지식인 집단intelligentsia'이 현재는 '학자-전
문가 집단', 즉 '전문적 지식을 가진 사람들'로 대체됐
다. 사르트르는 이들이 학자나 기자, 의사, 법률가, 법
학자, 교수 등이라고 말하고, 사이드는 이들이 관리

자나 교수, 언론인, 컴퓨터 전문가, 정부 전문가, 로비스트, 비평가, 신디케이트 칼럼니스트, 자기 의견으로 돈을 버는 컨설턴트 등이라고 말한다.

이처럼 이 시대에 지식인층이 넓어졌는데도 '진정한 지식인'은 오히려 희귀한 존재가 됐다.* 그렇게 된 데는 과거 지식인이 해온 역할을 현대 지식인이 하기 어렵게 만드는 (앞에서 언급한 사이드가 말하는) 네 가지 '압력'이 작용했다. 내 생각으로는 그 외에도 현대 지식인이 지식인으로서 책임을 다하는 데 어려움을 제기하는 상황이 있다. 하나는 적잖은 지식인이 자신이 지식인이라는 의식을 갖고 있지 않는다는 점이다. 즉 현대의 많은 학자-전문가는 사회에 대해, 자신의 전문 분야에 대해 자신이 일차적인 책임이 있는 사람이라는 의식을 갖고 있지 않는 것 같다. 많은 지식인이 자신의 전문 분야에 매몰돼 지식인의 역할을 방기하고 있다. 자신의 전문성을 통해 이미 사회에 기여하고 있기에, 다른 면에서는 자신이 어떻게 하든

---

* Furedi, Frank, *Where have All The Intellectuals Gone?*, 2nd Ed., Continuum, 2006.

문제가 될 게 없다고 느끼는 사람도 적잖은 듯싶다. 이런 문제는 인문 사회 분야 지식인보다 과학기술 분야 지식인에게서 흔히 발견된다.[*] 그러나 이들이 과학기술 분야 전문가로서 환경과 기후, 의료와 보건 위생, 무기 개발과 안전 등 사회문제에 대한 인식과 대응 방향에 직접적인 영향을 미칠 수 있기에, 이들이 진실에 무관심하거나 침묵할 때 그 결과가 사회의 큰 불행이나 재앙으로 이어질 수 있다.

지식인이 책임을 다하기 어렵게 만드는 또 다른 상황으로 학자나 기업인이 정치 활동에 참여하려 할 때, 자기 일에 전념하지 않고 외도한다고 공격하는 사람들이 있다. 사이드는 지식인이 진정한 지식인의 역할을 하기 위해서 외도가 중요하다고 말한다. 그렇다면 이 외도를 공격하는 정치가는 자신을 위협할 수 있는 잠재적 정치 세력을 견제하는 정치적 행위를 하는 것이다. 따라서 지식인의 정치 참여는 지배계급이 지배를 지속하려는 상황을 저지하는 용기 있는 노력

---

[*] 버트런드 러셀,《행복의 정복Conquest of Happiness》, 황문수 옮김, 문예출판사, 2009, 141~143쪽 참조.

이 될 수 있고, 진정한 지식인이라면 가볍게 회피해선 안 되는 책임이다.

〈지식인의 책임〉은 반세기 이상 독자에게 읽히며 이제는 지식인에 대한 고전적 에세이가 됐지만, 그 내용은 상당한 시간이 지난 현재를 사는 지식인에게도 여전히 유효하다. 이 책의 원제목은 《지식인의 책임》이지만 번역본은 제목을 《지식인의 자격》이라고 붙였다. 책임과 자격은 엄격히 말해서 다르기에 번역본의 제목이 비약으로 보일 수 있다. 그러나 조금 생각해보면 이 둘은 서로 다르지 않고 불가분의 관계라는 것을 금세 알 수 있다. 책임이 무엇인지 알아야 책임을 다할 수 있고, 그 책임을 질 자격이 있다. 책임이 무엇인지 모르거나 책임을 다하지 않는 사람에게 우리는 책임을 질 자격이 있다고 말하지 않는다. 이 책은 '진정한 지식인'에 관한 책인 동시에, 촘스키가 서문에서 강조하는 것처럼 '진정한 지식인의 자격'에 관한 책이다.

최근 국내외 정치, 사법, 경제, 문화, 과학기술을 포함한 여러 분야 지식인이 관련된 불행한 사건이 자주 일어나고 있다. 그중 적잖은 사건이 그들이 지식인의 책임과 자격을 분명히 인식하고 그에 맞게 행동했다면 일어나지 않았을 사건이다. 나는 이 책이 지식인이 자신의 책임과 자격을 분명히 인식하는 데 일조하기를 기대한다. 아울러 우리 사회에서 자라나는 미래의 지식인이 이 책을 통해, 학자-전문가나 지식만 갖춘 지식인을 넘어 진정한 지식인으로서 더 나은 사회를 만드는 데 필요한 자신의 진정한 역할을 깨닫고 실천할 수 있기를 희망한다.

번역 초고를 꼼꼼히 검토해 여러 오류를 지적하고 좋은 표현을 제안해준 전북대학교 이지현 교수님께 감사드린다. 인내와 뚝심으로 이 책을 출판해준 황소걸음 정우진 대표님께 감사드린다.

베트남전쟁 연표

1945년 3월 11일 베트남 응우옌 왕조의 마지막 황제 바오다이가 프랑스군을 몰아낸 일본군을 등에 업고 베트남제국 황제로 즉위.

9월 2일 호찌민을 중심으로 북베트남에 공산주의 국가인 베트남민주공화국 수립.

1954년 5월 7일 프랑스군, 디엔비엔푸 전투에서 베트남에 항복.

7월 22일 제네바회의로 베트남이 북위 17도 선에서 분단. 북쪽은 베트남민주공화국으로, 남쪽은 베트남공화국으로 귀속.

1955년 4월 30일 응오딘지엠, 남베트남 바오다이 주석을 축출하고 미국이 지원하는 베트남공화국 총통으로 취임.

1961년 1월 20일 케네디, 미국 대통령으로 취임.

1963년 11월 2일 응오딘지엠, 군부 쿠데타로 사망.

11월 22일 존슨, 미국 대통령으로 취임.

1964년 8월 2일 미국, 통킹만 사건을 일으켜 북베트남 폭격, 베트남전쟁 발발.

9월 11일 대한민국, 비전투 부대 파병.

1965년 3월 10일 대한민국, 건설 지원단으로 비둘기부대 파병.

9~10월 대한민국, 전투부대로 청룡부대와 맹호부대 파병.

1966년 4~10월 대한민국, 전투부대로 맹호부대와 백마부대 파병.

1967년 2월 23일 촘스키, 이 책 1부 〈지식인의 책임〉 발표.

9월 티우, 베트남공화국 대통령으로 취임.

1968년 1월 30일 남베트남민족해방전선NLF 일제 공격 개시.

5월 미국과 베트남민주공화국, 파리평화회의 개최.

1969년 1월 20일 닉슨, 미국 대통령으로 취임.

9월 2일 호찌민, 79세로 사망.

1970년 4월 캄보디아로 전쟁 확대.

1971년 5월 라오스로 전쟁 확대.

1973년 1월 27일 미국과 베트남공화국, 베트남민주공화국, 파리
정전협정에 조인.

3월 29일 미군 철수 완료.

1975년 4월 30일 사이공 함락으로 전쟁 종결.

1976년 7월 2일 베트남사회주의공화국 선포.

통일 전 베트남 지도

중국

디엔비엔푸

하노이   하이퐁

라오스

통킹만

북베트남

비엔티안

북위 17도 선

후에

다낭

태국

플레이쿠

방콕

캄보디아

남베트남

프놈펜

사이공

1954년 7월 22일 제네바회의에 따른
북위 17도 선

강성원

:.

서울대학교 사회과학대학에서 정치학사, 미국 아이오와대학교에서 전산학 석사와 박사 학위를 받았다. KT에서 선임연구원으로 8년간 근무했으며, 2001년부터 KAIST 전산학부 교수로 재직 중이다. 소프트웨어공학 분야《SCI 저널》에 게재한 논문 30여 편을 포함해 200여 편을 발표했으며, 한국정보과학회 소프트웨어공학소사이어티 회장을 역임했다. 지은 책으로《소프트웨어 아키텍처로의 초대 : 소프트웨어 아키텍처 설계의 근본 원리들》《체계적인 소프트웨어 제품라인 개발》이 있다.

윤종은

:.

서울대학교 서어서문학과를 졸업하고, 같은 학교 대학원에서 석사 학위를 받았다. 현재 펌협번역그룹에서 전문 번역가로 활동하고 있다. 옮긴 책으로《빈곤의 가격》《자동화와 노동의 미래》《철학 논쟁》《승리는 언제나 일시적이다》와《완전히 자동화된 화려한 공산주의》(공역)가 있다.

지식인의
자격

펴낸날   2024년 3월 22일 초판 1쇄

지은이   노암 촘스키

옮긴이   강성원 · 윤종은

만들어 펴낸이   정우진 강진영 김지영

꾸민이   홍시 happyfish7090@hanmail.net

펴낸곳   서울 마포구 토정로 222 한국출판콘텐츠센터 420호

             도서출판 황소걸음

편집부   (02)3272-8863

영업부   (02)3272-8865

팩 스   (02)717-7725

이메일   bullsbook@hanmail.net / bullsbook@naver.com

등 록   제22-243호(2000년 9월 18일)

ISBN   979-11-86821-91-6 （03300）

황소걸음
Slow & Steady